JN140704

事例から考える！

介護施設の災害対応と派遣支援活動

鈴木　俊文 編

●執筆者一覧●

今福 恵子（日本赤十字豊田看護大学看護学部看護学科 准教授）

第4章1

江原 勝幸（静岡県立大学短期大学部社会福祉学科 准教授）

第1章

榮田 理恵子（熊本県介護福祉士会）

第4章 コラム

鈴木 俊文（静岡県立大学短期大学部社会福祉学科 准教授）

第2章・第3章・第5章3

曽根 允（静岡県社会福祉協議会研修課 主任）

第4章2・3

本田 愛実（静岡県立大学短期大学部 鈴木俊文研究室 受託研究アシスタント）

第5章3

立花 明彦（静岡県立大学短期大学部社会福祉学科 教授）

第3章

松浦 史紀（静岡県社会福祉協議会福祉企画部地域福祉課 主幹）

第4章4

森川 武彦（社会福祉法人椎の木福祉会特別養護老人ホーム瑞光の里緑ヶ丘 施設長）

第5章1

富田 幸仁（社会福祉法人明翠会グループホームなのはな苑ねむのき 管理者）

第5章2

はじめに

わが国は地理的、気候的条件から自然災害が発生しやすい国土です。地震大国と呼ばれる日本ですが、近年では地震のほか、土砂災害や水害等も増加し、自然災害の被害は後を絶ちません。私たちの生活を過酷な状況に追い込む災害に対していったい何ができるのでしょうか？

この問いに対して、建築学や防災学、情報学をはじめとする様々な学術分野では震災に特化しない災害支援システムや防災マニュアルの検討が進められています。

本書は、介護福祉・社会福祉を専門とする研究者や実践者らによって執筆されたものです。要配慮者といわれる高齢者や障害者の生活課題に対応すべく、介護等の福祉施設における機能維持と、災害派遣支援活動に有用な運営（派遣）支援に焦点を当て、筆者らがこれまでに取り組んできた調査活動や派遣支援活動を事例に紹介しています。「災害」はどれひとつ同じ「かたち」を示しません。状況が刻々と変わりゆくなか、避難所や介護等の福祉施設で行われる支援内容は、まさに暗闇のなかを手探りで歩み続ける姿といえます。この先に何があるのか、見通しの立たない状況で、何を材料に判断をするべきか、災害対応者に委ねられた舵は、振り返る暇はなく歩みを止める事もできない切迫した状況を突きつけます。これは、私たちの想像をはるかに超える厳しい現実（過程）です。とりわけ介護福祉・社会福祉の専門職者には、被災時に発生する生命維持レベルの「緊急的対応」にとどまらず、被災生活を長期的な視野で捉えた「生活支援や合併症予防の対応」、制限された状況下における「適切な環境整備」、そのほか日常生活の自立を支援するための、住居や衣類、食事の確保、健康管理や就労に関わる課題等の「個別相談・他機関との連携」など実に幅広いものがあります。

こうした被災地における様々な課題は、発災から平常時に戻る過程で、復興に向けた生活内容の変化ともいえます。近年では、被災地における多様な課題に対応するために、様々な専門職者による支援活動が展開されています。福祉支援を目的とした派遣支援活動には、近年 DCAT（Disaster Care Assistance Team）と呼ばれる災害派遣福祉支援チームなども組織化され、災害発生初期における避難所・福祉避難所の開設や運営支援、避難所等における災害関連死を防ぐための様々な活動が展開されています。

本書は、このような介護等福祉施設の被災経験と、派遣支援活動の経験を軸に事例を束ね、災害過程における課題と対応について考えることを目的にしています。本書に掲載した複数の事例をもとに災害過程の実際と必要な介護・支援内容等を考えることは、「普遍的なマニュアル」を超えたより実体的な活動内容・運営視点を得られる財産になるはずです。本書はこのような問題意識と期待をもって執筆されています。

なお、本書の構成や記述は、「被災経験や派遣支援活動等の災害過程を疑似体験できる」ことを大きなねらいに据え、以下の２点に力点をおいています。

１つ目は、介護等福祉施設の運営に直結するライフラインの被害状況とそれによって生じる介護内容の影響を自施設の実態をもとにアセスメントシートを活用して考え、必要な対策・研修内容を整理することです。

２つ目に、派遣支援活動の実態に焦点を当てたエピソードを複数掲載し、エピソードをもとに派遣支援活動における具体的内容や連携、心構えなどを考えることです。また、５章では、災害時に限らず平常時における防災・減災活動の取り組みも紹介しています。

１章から順に災害を体系的に学習しながら、災害過程で備えるべき「力」を学ぶとともに、読者の皆様が所属する法人や事業等で取り組むべき「防災・減災研修」が導かれることを期待しています。

著者一同災害によりかけがえのない命を失われた多くの人々とその遺族に対し、改めて深く哀悼の意を表すとともに、本書が災害から少しでも多くの命と生活を守るための研修に役立つことを心より願っています。

なお、本書は、科学研究費助成事業（基盤C）：介護施設における「福祉避難所機能」調査と運営支援に係る「研修教材」開発（課題番号：16K04246）の成果をまとめたものです。様々なご支援とご協力に心より御礼申し上げます。

2019年３月11日

研究代表者　鈴木俊文

目　次

第1章 災害時における福祉的課題

1 日本列島と災害

わが国の国土面積（約37.8万㎢）は、地球の総面積の0.28％に過ぎません。しかし、世界中の各地で起こるマグニチュード（以下、M）６以上の地震回数の２割がこの日本列島で発生しているという[1]「地震多発国」に暮らしていることを理解しておかなければなりません。M9.0を記録し、岩手・宮城・福島県など沿岸部に甚大な津波被害をもたらした東日本大震災は、避難者が最大で47万人にのぼり、震災２年後の応急仮設住宅などで避難生活を送る被災者が約31万人以上、震災から７年経過しても依然として７万人以上が不便な避難生活を送っています。特に、福島県では、東京電力福島第１原子力発電所の事故により、震災から７年経過しても約７万人が避難生活を余儀なくされています[2]。自宅に戻れない避難指示区域が震災当時は11市町村でしたが、７年後には２町（双葉町・大熊町）に減ったにもかかわらず解除された地域の居住率は15％に過ぎません[3]。

2013（平成25）年５月に政府検討会は、死者最大32万3,000人、建物全壊238万棟という東海地震・南海地震・東南海地震が連動するM9.0クラスの「南海トラフ巨大地震」の最終報告をまとめました。最悪の場合、この巨大地震による甚大な被害地域は東海から西日本の非常に広い範囲におよび、その面積は国土の約３割、被災者は人口の約５割になることが予想されています[4]。また、経済被害が国内総生産（GDP）の４割を超え、220兆円の直接的損失を出し[5]、その規模は東日本大震災の10倍を超えます（図１－１）。

周期的に巨大地震に見舞われている東海、南海、東南海地方以外でも、日本各地で地震発生やその被害について、歴史文献や地質調査などで明らかになってきています。また、地震の可能性が指摘されている活断層は日本全国の各地で確認され、地震の巣はわれわれの暮らしの足元に潜んでいます。長

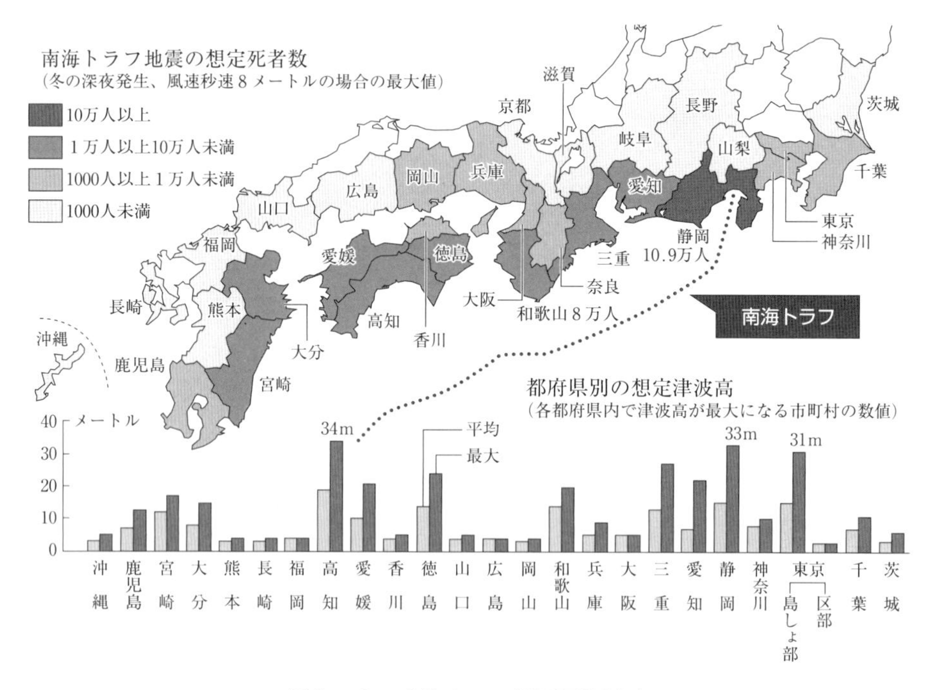

図１－１　南海トラフ地震予測被害

出典：日本経済新聞　2012年８月29日付
http://www.nikkei.com/article/DGXNASDG25031_V20C12A8M13300/

期的なスパンで見れば日本列島に暮らしている限り、地震被害から逃れることは不可能といっても過言ではありません。

また、富士山をはじめ、地震活動との関連が強いとされる火山噴火の発生も心配されています。2014（平成26）年には御嶽山が噴火し、登山者など死者・行方不明者63人という戦後最大の火山災害となりました。地震災害以外でも、わが国は数々の自然災害により被害を受けています。最近では、温暖化の影響が指摘されている気象変動により、台風、集中豪雨、ゲリラ豪雨が多発しています。死者・行方不明者104人を出した2011（平成23）年の台風12号をはじめ、毎年のように風水害の大きな被害が続いています。2017（同29）年７月の九州北部豪雨は42名の人的被害を出し、2018（同30）年７月の西日本豪雨では230人を超える犠牲者が出ました。その犠牲者の多くは65歳以上の高齢者でした。

気象庁は2013（平成25）年８月末に、数十年に一度しかないような大雨や津波などが予測される場合、ただちに命を守る行動をとることを呼び掛ける「特別警報」の運用を開始しましたが、翌月の台風18号で、京都府、滋賀県、福井県に全国初の特別警報が発令されました。地震、津波、竜巻、台風、集中豪雨など、いったん起こると手のつけられない自然災害のリスクは年々高まっています。要配慮者のみならず、誰もが災害のリスクを負っており、決して他人事ではありません。ただし、台風や豪雨の場合、気象予報により時間的な余裕がある場合が多く、高齢者や障害者などの要配慮者であっても、早めの避難勧告や周りの人の手助けがあれば、安全に避難場所に身を寄せることも可能です。しかし、避難情報の収集・理解や避難行動の遅れは風水害でも致命的になりかねません。これまでの風水害でも避難開始時期の遅れによる高齢者等の支援課題があるなかで、さらに2016（平成28）年の台風10号による水害では岩手県岩泉町のグループホーム利用者９名全員が避難できずに亡くなりました。これを受け、それまでの「避難準備情報」の名称が「避難準備・高齢者等避難開始」に変更されました。その後、「避難勧告等に関するガイドライン」[6)]が2017（同29）年１月に改訂され、自治体や施設・地域で求められる実行性のある要配慮者への情報提供や避難支援の方法などが示されました。いずれにしても、要配慮者やその家族にとって、いつ、どこで起こるかを予測することが困難で、広範な地域を壊滅させる可能性の高い「超巨大地震」に備えておくことは、その他の自然災害の対策にも有効といえます。

2　近年の災害の概要

1 ── 阪神・淡路大震災

要配慮者の問題をはじめ、地震防災の課題をクローズアップさせたのは、死者6,434人、全壊・半壊住居被害25万棟、避難者数（ピーク時）31万人、被害総額10兆円などの甚大な被害を出した1995（平成７）年１月17日の阪神・淡路大震災です。その震源は淡路島北部沖の海底16㎞で、M7.3の断層直下型地震が兵庫県南部を襲いました。特に被害が大きかったのは震源に近い神戸市各区で、1984（昭和59）年に制定された激甚災害法に基づく「激甚災害（本激）」として指定されました。津波の被害はありませんでしたが、家屋・建物の倒壊は広範囲で、火災による甚大な被害を出し、ライフラインの寸断によって避難生活は困難を極め、都市部の地震に対する脆さをさらけ出しました。

災害時に避難や支援の手が届きにくい「災害弱者」の問題も阪神・淡路大震災で露呈しました。大混乱のなかでわれ先に避難所に逃げ込む被災者のうち、行動や状況理解の面でハンディをもつ高齢者や障害者は、遅れて避難所

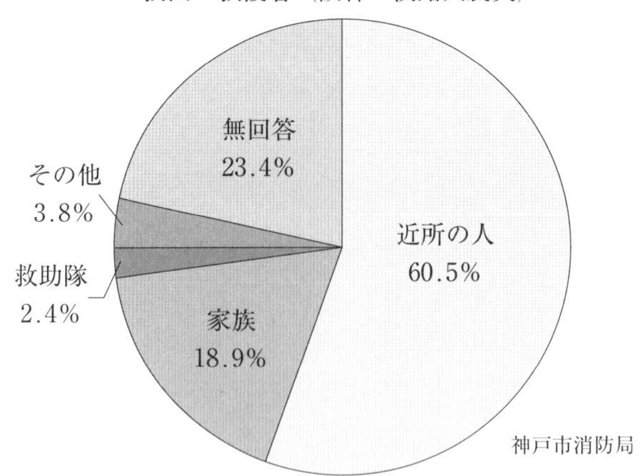

図１－２　阪神・淡路大震災の救出・救護者

資料：静岡県『地震防災ガイドブック』地震対策資料 No.234-2008　2008年　p.15

に到着したため、廊下や入口付近にしか居場所が残されていませんでした。飲食物の配給を受け取るにも長蛇の列に並ばなければならず、避難生活初期のころは特に、多くの避難所で要配慮者への配慮が欠けました。そのため、体調を崩す要配慮者が続出し、精神的ストレスや環境悪化による２次被害として「震災関連死」の犠牲者が高齢者に集中しました。障害者も、障害特性によるハンディに対して支援の手が十分に届かず、避難行動や避難所生活で困難を強いられました。

自らの力で迅速に避難し、過酷な環境での被災生活を乗り越えることは要介護の高齢者や障害者、およびその家族には限界があります。阪神・淡路大震災のような大規模災害では、行政機関自体も被災し、ライフラインも使えない広範で甚大な被害の前には適確な公的支援は期待できません。図１－２のように、瓦礫の下の被災者を救出・救護した者の割合は、「近所の人」が６割、次いで「家族」が２割でした。救助隊に助けられた人はほんのわずかに過ぎません。消防、警察、レスキュー隊、自衛隊など、公助としての救助活動は非常に重要ですが、被害が大きく広域な場合は対応できる範囲も人も限られます。地震直後の対応で要配慮者と家族を支えられるのは「遠い親戚より、近くの他人」にほかなりません。こんな当たり前のことを気づかせてくれたのが阪神・淡路大震災でした。また、体育館などの一般の避難所での生活の困難さから、要配慮者の避難生活場所として「福祉避難所」の必要性も指摘されました。

2 ── 新潟県中越地震

阪神・淡路大震災後、要配慮者の支援対策が順調に進んだわけではありません。2004（平成16）年10月の新潟県中越地震（M6.8）では、10万人を超える避難者を出し、最大で603か所の避難所が設置されました。また、道路の分断による孤立集落の問題、大きな余震が頻発するなかでの避難所開設の遅れ、車中泊の避難生活による「エコノミー症候群」の発症などの問題が起こり、その影響は高齢者を中心に広がりました。さらに避難所の生活環境が被災者のストレスとなり、深刻な健康被害につながりました。

また、避難所の生活調査（図１－３）で示したように、避難所生活の問題点や環境上の配慮・改善点が明らかになりました。特に自閉症や発達障害などの子どもを抱えた家族にとって、避難所の生活継続は困難でした。普段とは異なる環境で落ち着かない子どもの障害特性を周りに理解されず、避難所の被災者に非難され、避難所生活をあきらめて半壊の自宅に戻る家族や車中泊を強いられる家族など、新たに障害児の避難所生活の課題を浮きぼりにしました。

新潟県中越地震では、被災地が豪雪地帯のために、雪の降る前の約２か月間で比較的迅速に応急仮設住宅が開設され避難所から移行できました。

阪神・淡路大震災では、仮設住宅や復興住宅の入居を要配慮者優先で進めた結果、それまで暮らしていた居住地域を分断し、知らない土地の知らない人同士との生活区へ移住することとなり、孤独死やアルコール依存症が続発

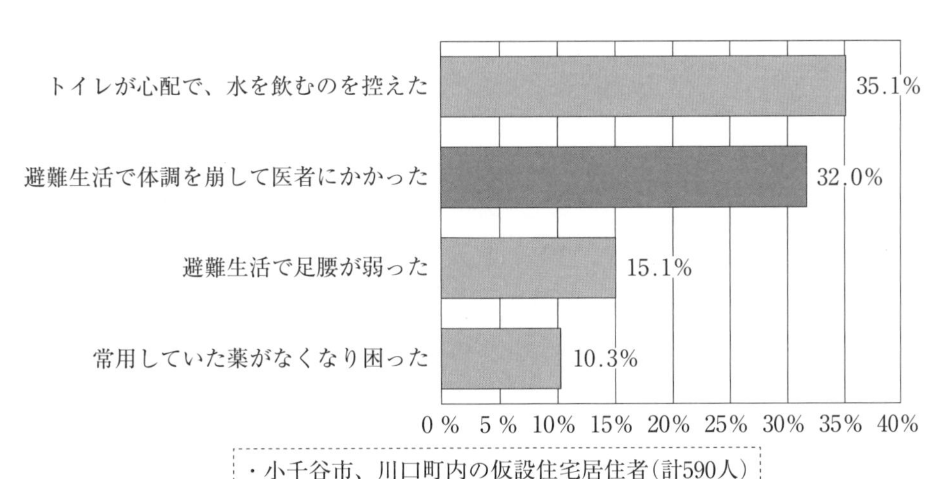

図１－３　避難所生活の問題点

資料：内閣府第６回地方都市等における地震防災対策のあり方に関する検討会資料３『地震発生後の被災者の生活環境対策（概要）』2011年　p.19

しました。この教訓を生かし、新潟県中越地震では、応急仮設住宅・復興住宅の入居は、同じ集落住民がまとまって入居するよう配慮がなされました。また、国内の災害ではじめて仮設住宅のなかに介護拠点（デイサービス、訪問介護、訪問看護、配食サービス、生活相談等）が設置されました。しかし、要配慮者の避難生活支援としての福祉避難所の設置は、その後の2007（平成19）年３月の能登半島地震（１か所設置）と同年７月の新潟県中越沖地震（地震発生の翌日に１か所設置、最大で９か所設置、延べ2,335人利用）までありませんでした。

3 ── 東日本大震災とその後の地震災害

2011（平成23）年３月11日には、わが国で観測された最大のM9.0の東日本大震災が発生しました。最大遡上高40mに達する巨大津波が沿岸部を襲い、主に太平洋沿岸部に極めて深刻な被害をもたらしました。死者・行方不明者２万2,233人（2018［平成30］年９月１日現在[7]）は、関東大震災（犠牲者約10万5,000人）や明治三陸地震（犠牲者約２万2,000人）に次ぐ戦後代々の人的被害を出すなど未曽有の大災害となりました。その死因（岩手県・宮城県・福島県）の92.4％は溺死であり、阪神淡路大震災では建物倒壊が死因の80％以上であったことと比べると津波被害の甚大さが大きな特徴です。また、岩手県・宮城県・福島県の60歳以上の割合は震災前が約31％に対して、東日本大震災の60歳以上の死者は約65％と２倍でした[8]。

住宅被害では、全壊が約10万棟、半壊が約６万棟、一部損壊が30万棟にのぼり、多くの被災者が生活拠点を失いました。被災地域の被害額は、阪神・淡路大震災の約9.6兆円に対して1.6倍となる24兆円規模ですが、原子力発電所事故や風評による被害などは含まれていません。また、インフラやライフラインなどの被害も広域かつ甚大となりました。鉄道では９事業者20路線で全線または一部区間が不通、道路は東北自動車道や沿岸部国道が通行止め、港湾は青森県八戸市から茨城県までのすべてが機能停止、航空では仙台空港が閉鎖となりました。ライフラインでは、延べ891万戸の停電、48万戸の都市ガス供給停止、220万戸の断水、120箇所の下水処理施設が被災しました。通信にも大きな被害があり、固定電話は最大で約100万回線が停止し、携帯電話も代々で１万4,800基地局に停波しました[9]。これらの被害が沿岸部などを中心に長期に渡ったため、被災者の生活および被災地の復旧や復興に大きな影響を与えました。

東日本大震災以降、2018（平成30）年９月の段階で「激甚災害」（大規模な地震や風水害などで著しい被害となった災害において政令で指定され、被災自治体への災害復旧事業に国庫補助が上積みされるなど財政援助が受けられる）に指定された地震は、長野県北部地震（2014［同26］年3月）、熊本地震（2016［同28］年4月）、北海道東部地震（2018［同30］年9月）となっています。特に、熊本地震では、震度7の地震2回の間や後にも震度6強2回や震度6弱3回の強い余震があり、余震回数が非常に多く、被災者の避難生活に多大の影響を与えました。

熊本地震の大きな特徴は、地震による直接死が50人に対し、その後の避難生活がもたらすストレスや持病悪化などで亡くなる「震災関連死」が218人（2018［平成30］年9月13日現在[10]）と4倍を超えている点です。関連死の9割以上が60歳以上の高齢者であり、その要因（複数選択）として、「地震のショック、余震への恐怖による肉体的・精神的負担」が40.2%、「避難所等生活の肉体的・精神的負担」が29.7%、「医療機関の機能停止等（転院を含む）による初期治療の遅れ（既往症の悪化及び疾病の発症を含む）」が17.3%と高く、長期化した避難生活が大きく影響しています[11]。被災者の多くが車中泊を余儀なくされ、病院・福祉施設の被災による転院・移動など被災高齢者に大きなストレスとなりました。予知がほぼ不可能な地震災害では発災直後の要配慮者の避難行動への支援対策に注目されがちですが、東日本大震災の教訓として、避難所や自宅での良好な生活環境や適切な移動手段などの課題を露呈させました。震災関連死を防ぐためには、保健・医療の分野は勿論、福祉の専門職がその専門性を発揮し、関連する分野と連携・協働することの必要性を改めて示しました。そして避難生活期に限らず、応急仮設住宅や復興住宅での復旧・復興期においても被災者に寄り添う災害福祉の支援活動は求められます。

3　東日本大震災と要配慮者

1 ―― 介護施設入居者の支援課題

阪神・淡路大震災に端を発した要配慮者への支援対策の教訓は、その後の地震や風水害に生かされたものもありますが、根本的にほとんど進んでいない状況でした。2011（平成23）年3月11日の東日本大震災（M9.0）では、想定外の津波被害と原発事故により死者・行方不明者2万人以上、全壊家屋10万戸、避難者50万人・避難所2,500か所（ピーク時）など、戦後最大の被害を出し、大規模災害時には要配慮者の命を救うことや生活を守ることはとても難しく、これまでの経験もほとんど生かされないという根本的な課題を露呈させました。

最大で遡上高が40.5m（宮古市重茂）という巨大な津波により、沿岸部は壊滅的な状況になりました。そして要配慮者が利用する社会福祉施設も例外ではありませんでした。厚生労働省の調査[12)]から、岩手・宮城・福島の東北3県の被災施設数が875施設にのぼり、うち全壊した施設が59施設（児童福祉施設27、老人福祉施設12、障害福祉施設20）という状況でした。押し寄せる巨大津波から逃げ遅れたため、死者・行方不明者は職員を含め511人（福島県を含まず）にのぼり、このうち約9割の455人が老人福祉施設でした[13)]。これは、介護施設の入居者の緊急避難に大きな課題があり、特に、沿岸部の施設は勿論、夜間の職員の少ない時間帯にどう対処するのかが問われています。大規模災害であれば、交通も遮断されるために職員の迅速な参集も期待できません。施設を高台に移転することが現実的に難しいのであれば、地域住民との連携による対策を検討する必要があります。ただし、災害時にだけ手助けをお願いするという特別な関係ではなく、平時から「施設の社会化」を積極的に進め、地域住民と連携していく必要があります。東日本大震災では福祉避難所に指定されていない施設が、押し寄せる地域住民を受け入れ、支援した例がいくつも見られました。孤立・排除ではなく、内包的な「地域の支え合い」が対策のカギになるはずです。

2 ── 障害者の支援課題

東日本大震災では障害者の「死亡率」の高さも注目されています。調査によって数字は異なりますが表1－1で示したように、NHKの調査[14)]では岩手・宮城・福島県の障害者手帳所持者の死亡率2.06％に対し、障害者を含めた全住民の死亡率1.03％と約2倍でした。障害者の死亡率が非常に高いのは女川町、南三陸町、石巻市であり、住民全体との比較では石巻市が4倍近い差があります。障害別では肢体不自由が7割と最も多く、聴覚障害、視覚障害、精神障害、知的障害が各1割程度でした。

この障害者死亡率の高さは、肢体不自由など移動が困難な障害者はもちろん、情報入手やその理解にハンディのある要配慮者の安否確認や緊急避難などの支援課題をわれわれに突きつけています。家族だけで対応するには限界があり、また、家族がそばにいない時間に被災するかもしれません。施設だけでなく、在宅の障害者や要介護高齢者に対しても、地域住民の支援が欠か

表１－１　障害者死亡率

県	市町村	障害者（％）	全体（％）
岩手県	宮古市	1.07	0.86
	大船渡市	2.07	0.82
	釜石市	2.17	2.22
	大槌町	5.83	5.23
	山田町	0.54	3.88
	田野畑村	0.49	0.94
	野田村	0.73	0.60
宮城県	石巻市	7.47	1.96
	塩釜市	0.00	0.00
	名取市	2.03	1.25
	多賀城市	0.73	0.19
	岩沼市	0.79	0.34
	東松島町	5.00	2.23
	亘理町	1.52	0.85
	山元町	5.79	3.66
	七ヶ浜町	0.68	0.29
	女川町	13.88	7.01
	南三陸町	8.24	3.82
福島県	いわき市	0.17	0.09
	相馬市	0.89	1.15
	南相馬市	0.39	0.89
	楢葉町	2.15	0.90
	富岡町	2.44	0.77
	大熊町	0.00	0.10
	双葉町	0.27	0.42
	浪江町	1.99	0.71
	新地町	3.74	1.31
計		2.06	1.03

＊陸前高田市、仙台市、気仙沼市は障害者死亡率回答なし
出典：NHK「福祉ネットワーク」取材班「東日本大震災における障害者の死亡率」『ノーマライゼーション・障害者の福祉』2011年11月号　（公財）日本障害者リハビリテーション協会　pp.62-63

せないことが明らかです。

3 ── 震災関連死

津波や揺れで命が助かったからといって安心できません。東日本大震災では、避難所に非常に多くの住民が殺到しました。広域に甚大な被害があり、ライフラインが寸断され、被災当初は飲食料や毛布など備蓄品は圧倒的に足りませんでした。道路や橋が壊れ、ガソリン不足となり、物流が滞りました。食料も医薬品も届かず、普段当たり前に使っている電気・ガス・水道も使えません。安定していた日ごろの生活の基盤がいっきに崩れ落ちるのが避難所生活です。避難所生活は健康な人でも大変ですが、高齢者や障害者にとってはさらに過酷な環境であり、時には命さえ奪いかねません。これまでの地震等の災害でも課題として指摘され続けていましたが、避難所の生活環境はほとんど改善されていませんでした。震災から2年経過した2013（平成25）年3月末の時点で2,688人が「震災関連死」と認定され、その9割が66歳以上の高齢者です。復興庁の分析結果[15)]からも、要介護の高齢者などにとって避難所までの移動（特に福島県の場合は原発事故対応が遅れ、何度も移転させられた）および避難所の生活が非常に過酷であることを示しています（表1－

表1－2　震災関連死の原因別件数

原因	岩手県 宮城県	福島県
病院の機能停止による初期治療の遅れ	39	51
病院の機能停止（転院含む）による既往症の増悪	97	186
交通事情等による初期治療の遅れ	13	4
避難所等への移動中の肉体・精神的疲労	21	380
避難所等における生活の肉体・精神的疲労	205	433
地震・津波のストレスによる肉体・精神的負担	112	38
原発事故のストレスによる肉体・精神的負担	1	33
救助・救護活動等の激務	1	
多量の塵灰の吸引		
その他	110	105
不明	65	56
調査対象者人数	664	1,286

資料：復興庁『東日本大震災における震災関連死に関する報告』2012年　p.23

２）。避難所のバリアなどハード面の課題、環境衛生面での課題、人間関係やストレスなど精神的な面での課題が山積し、安全が確保されているはずの避難所で抵抗力の弱い高齢者などが健康を悪化させてしまったり、命を落としてしまうことを東日本大震災でも繰り返しました。

4 ── 福祉避難所の課題

阪神・淡路大震災後に必要性が指摘された福祉避難所は機能したのでしょうか。その前提として福祉避難所の設置は、東日本大震災前に仙台市が福祉施設との協定により積極的に進めている以外、その取り組み自体が遅れていました。全国的にも震災前に事前指定した自治体は34％に過ぎませんでしたが、岩手県では14.7％、福島県では18.6％と、全国平均と比べても進んでいませんでした（宮城県は40％）[16)]。したがって、一般の避難所で生活することが難しい要介護の高齢者や障害者は、親戚・知人の家や被災を免れた福祉施設などに身を寄せた人が少なくありません。厚生労働省の調査[17)]では、１か所以上福祉避難所を指定した市町村の割合は、東日本大震災直後の2011（平成23）年３月末で４割でしたが、大震災から１年半後の2012（平成24）年９月末でもおよそ半数の市町村が１か所も事前指定ができずにいます。

都道府県別では、徳島、福岡、大分が100％であるのに対し、山形17.1％、福島20.3％、青森25.0％と地域で大きな差が出ています。全国の指定施設数は１万1,254施設であり、その８割以上が社会福祉施設（高齢者施設55.2％、障害者施設14.8％、児童福祉施設4.9％、その他社会福祉施設8.6％）が占め、障害児の通う特別支援学校は102施設（0.9％）とわずかしか福祉避難所に指定されていません。障害児が普段通う学校を災害時に福祉避難所とすれば、本人や家族にとっても心強いですし、ハード・ソフト面で障害児の支援に適しているはずです。

日中、障害者や高齢者が通う通所施設も災害時に有効な支援拠点となりうるはずですが、福祉避難所として考えられていません。それは比較的小規模なものが多く、宿泊機能もなく、夜間は職員がいないことが要因と考えられますが、職員が参集できれば小規模でも施設数が多いので、要配慮者支援のひとつの大きな手段となり得るはずです。

一方、指定された福祉施設が、職員やその家族も被災するなかで、入居者・利用者の生活を守りながら地域の要配慮者の受け入れを両立することは非常に困難であることが、東日本大震災で報告されています。残った介護職員の負担が大きく、また、医療職に比べ介護職の被災地外からの応援派遣が進みませんでした。通所施設を活用するにしても、施設自体の被災、職員・家族の被災、残った職員の負担、応援職員の招集、予測困難な一般住民の避難、備蓄品の確保、施設利用者への影響など、福祉施設の福祉避難所としての課題は山積しています。

5 —— 地域組織の課題

水門等の閉鎖、安否確認、避難誘導、救助活動などを献身的に行ったために、多くの消防団員や民生委員・児童委員が津波で亡くなりました。消防団員は254人、民生委員は56人が津波で亡くなっています。消防団員に多くの犠牲者が出た要因として、❶想像を超えた津波、❷津波の最前線（危険がひっ迫した状況で、対応力を超えた任務）、❸情報の不足、❹地域住民の防災意識の不足が指摘されています[18)]。自らの安全を確保しつつ、消防団に求められる活動をどう実践するのか、大きな課題が残りました。また、民生委員・児童委員は、困難な避難生活を送る地域住民を支え、長期にわたる復興までの生活を支援する役割が期待されていますが、自らの安全確保を最優先に、いかに要配慮者の安否確認や避難支援を行うのかが問われています。

全国民生委員児童委員連合会は、東日本大震災や豪雨災害で明らかになった民生委員活動の課題を整理し、「民生委員・児童委員による災害時要援護者支援活動に関する指針【第１版】」を2013（平成25）年にまとめました。この指針では、平時期、発災期、避難所設置期、仮設住宅移行後と４期毎の民生委員・児童委員や所属する民生委員児童委員協議会による活動の考え方と留意点を示しています。

4 災害と要配慮者支援

1 —— 要配慮者への対応

阪神・淡路大震災以降の地震災害とともに、日本各地を襲う風水害被害の増加に、より要配慮者の支援対策の必要性が高まっています。特に、2004（平成16）年は新潟県中越地震が発生し、犠牲者68人を出した年ですが、集中豪雨や台風も続々と上陸した年であり、風水害被害による犠牲者も150人以上出しました。

たとえば、７月の新潟・福島豪雨と福井豪雨は急な増水により逃げ遅れるなど死者が20人にのぼりましたが、このうち、65歳以上の高齢者が85％（うち、75歳以上の後期高齢者は全体の55％）[19]と高く、高齢者の避難行動の困難さが指摘されました。さらに10個の台風が次々と日本列島に上陸し、多くの犠牲者を出しましたが、その半数以上が高齢者でした。この事態に内閣府では「災害時要援護者の避難対策に関する検討会」が立ち上がり、2005（平成17）年３月に「災害時要援護者の避難支援ガイドライン」に検討結果をまとめています（2006年３月改訂）。

このガイドラインでは、「災害時要援護者（要配慮者）」が定義化され、市町村に対し「要配慮者支援班」の設置、要配慮者情報の収集・共有化、要配慮者の「避難支援計画」の策定、「福祉避難所」の設置などを求めていますが、一部自治体を除き、要配慮者支援の各対策は全国的に遅れています。なお、個人情報保護やその管理などの問題から要配慮者の名簿作成についても進んでいませんが、東日本大震災発生後、岩手・宮城・福島県沿岸13自治体には名簿があったにもかかわらず、12の自治体は個人情報保護などを理由に、支援組織等に提供しませんでした。その教訓から、2013（平成25）年６月に災害対策基本法が改正され、市町村に名簿の作成と関係者への情報提供が義務化されました。さらに同年８月には、市町村に対する要配慮者の緊急避難への取り組み指針として、「避難行動要支援者の避難行動支援に関する取組指針」が示されました。

なお、改正された災害対策基本法では、これまで「災害時要援護者」としてきた高齢者、障害者、乳幼児等を「**要配慮者**（＝防災施策において特に配慮を要する者）」とし、そのうち災害発生時の避難に特に支援を要する者を「**避難行動要支援者**」としてその名簿作成を市町村に義務付けました。そのため、行政などは同法に基づき「要配慮者」と名簿作成に「避難行動要支援者」を用い始めましたが、まだ定着した「要援護者」という表記のままである場合が少なくありません。今後は統一されてくるものと思われますが、「要援護者」＝「要配慮者」であり、そのほとんどは「避難行動要支援者」として避難行動要支援者名簿の対象です。

東日本大震災は、国の要配慮者支援のガイドラインが市町村においては十分取り組まれていなかったことが明らかになりました。静岡新聞の調査[20]によると、岩手・宮城・福島３県沿岸部の37自治体のうち、要配慮者の個別避難支援計画を策定していたのは24自治体でした。つまり、計画を策定していなかった自治体が３割もあったのです。さらに、策定済みの自治体のうち、４割は計画が役立たなかったと回答しています。その理由は表１－３のとおりです。計画策定ありきではなく、いかに実践的・機能的なものを積み上げ

表１－３　要援護者避難支援計画の機能不全の理由

地域	理由
岩手県洋野町	津波到達までに時間がなく、避難誘導に用いることができなかった。
宮城県多賀城市	（行政機関を含む）地域全体が被災したため、計画を役立てられなかった。
岩手県宮古市	（要援護者の）情報を一台の端末で管理していたが、庁舎の浸水や停電で情報を取り出せなかった。
宮城県南三陸町	避難誘導には効果があったが、行政機関の被災で十分活用できなかった。

資料：静岡新聞　2013年５月23日

ていくのかが問われているのです。さらに単に行政主導で進めるのではなく、要配慮者・家族、地域住民組織（町内会・自治会・自主防災会、地区社協、民生委員等）、保健福祉事業者・施設、地域包括支援センター、障害者団体、ボランティア団体、ＮＰＯ、社会福祉協議会などが参画する地域の要配慮者支援ネットワークを構築し、平時から要配慮者や家族を支える仕組みづくりを小地域で考えていくことが必要です。

住民の命や安全を守るために行政を中心とする迅速で効果的な対応が求められます。これまでの災害の教訓が生かされ、比較的小さな災害の場合は公助がしっかりと機能しています。しかし、被害が甚大な巨大地震などの場合、行政自体も被災するため通常のような支援は期待できないことが東日本大震災で再確認されました。自らの備え、近所での助け合いなど、自助や共助が発災直後やライフラインが復旧するまでの間は特に重要になります。まずは津波や火災被害から迅速に安全な場所に避難しなければなりません。

２ ── 南海トラフ巨大地震に備えて

死者が最大で32万人にものぼると予想される南海トラフ巨大地震においては、地震発生から５分後に駿河湾沿岸部や紀伊半島では５ｍを超える津波が押し寄せ、20分後には静岡県や三重県で20ｍ以上の津波が押し寄せると予測されています。数分から数十分の間に、要介護の高齢者や障害者などが自らの力だけで安全な場所に避難することはとても不可能です。また、誰かの助けを借りて避難場所までたどり着いたとしても、自宅の損壊、電気・ガス・水道などライフラインが使えない、余震が続く不安などの理由から、学校の体育館などでの避難所生活が長期間続くことも考えなくてはなりません。

南海トラフ巨大地震の想定は、われわれに新たな防災対策の必要性を突きつけています。これまで非常用の飲料や食料の備蓄は３日分が必要とされてきました。水が一人１日３リットルといわれていますので、４人家族では12リットルとなり、さらに非常食３日分を家族分用意するとなると水の確保だけでかなり大変です。防災対策が進んでいるとされる静岡県の県民意識調査[21]では、３日分以上の飲料水を備蓄している家庭の割合は約４割（平均2.1日分）でした。飲料水を備蓄していないと答えた割合は２割を下回りましたが、その理由の４割が「考えていない」です。非常持ち出し食料の備蓄では、３日分以上が４割であるものの、用意していないが２割もいます。水や食料を家族の人数分を３日分確保することすら難しいなかで、南海トラフ巨大地震の最悪のシナリオでは、震度６強以上の揺れに襲われる市区町村が390にのぼり、それによって物流が滞ることで生き残るための飲食料が被災地外から入ってくるのに１週間はかかると想定しています。このため、国の有識者会議は超広域にわたる被害の対応として、地域で自活するために必要な家庭備蓄（食料・飲料水、乾電池、携帯電話・充電器、カセットコンロ、簡易トイレ等）を１週間分以上確保することを指摘しています[22]。

最悪のシナリオの場合、東日本大震災がそうであったように、要配慮者の支援は後手に回らざるを得ないのでしょうか。津波最大34ｍ、浸水面積1,015㎢、全壊・焼失建物238万棟、脱出困難者31万人、避難者数１日後700万人、１週間後950万人、１か月後880万人などの広域大被害の想定の前にできることは限られますが、最悪の事態を念頭に、自助、共助、公助の各システムで今できることを着実に行い、それを積み重ねていくことしか解決策はありません。それでも実際は地域の支え合いなどが十分に機能せず、要配慮者が犠牲になることも避けられないかもしれません。しかし、あきらめてしまっては何も進みません。できることからはじめ、誰もがその立場や役割で求められる行動を具体的に移すことが求められます。最悪のシナリオはあくまでも千年に一度の東日本大震災を受けて想定されたもので、東海、東南海、南海地震が連動する南海トラフ巨大地震も千年に一度あるかないかという予測に過ぎません。過度に心配したり、対策をあきらめるのではなく、「冷静に正しく恐れ、備える」[23]ことが重要です。

福祉施設の防災対策として、災害時を想定した訓練や教育を繰り返して職員に対応力を身につけさせるといった受身の取り組みではなく、いかに個々が問題意識を持ち、平時の活動にこそ主体的・積極的に取り組めるかが問われてきます。自らの施設が被災した場合でも、個々が、そして組織として、応急対応から復旧・復興までのプロセスで力を発揮できるよう、職員全体で現在の防災対応を再検討する必要があるはずです。

また、夜間の被災や被災時の職員負担の軽減、そして、利用者の避難や生活支援などについて、地域住民の手を借りることが必要であるとしたら、そこで問われるのは、災害という非日常性の対策ではなく、平時の施設と地域との関係性にほかなりません。また、地域住民からも災害時の福祉施設に対する期待は大きいはずです。福祉避難所として指定されていなくても、家族に要介護等の高齢者がいる家庭はもちろん、地域によっては一般の住民が押し寄せる可能性もあるはずです。想定が難しい課題ですが、その対応を災害が起こったときに考えるのではなく、施設の立地や周辺の避難施設の状況などを検討し、事前に考察しておく必要があります。地域・住民に対して福祉施設は災害時に何ができ、逆に福祉施設に対して地域住民は何ができるのか。いずれにせよ防災・減災は、普段の生活から切り離した特別なものに身構えるという視点ではなく、われわれの日常生活の延長線上にある関わりや活動の一部であるという考え方に基づきます。これが結果的に、福祉施設の有効な防災対策に確実に結びつくはずです。

【註】

1）鍵屋一『地域防災力強化宣言』ぎょうせい　2003年　p.7
2）復興庁「全国の避難者の数：平成30年３月30日」
http://www.reconstruction.go.jp/topics/main-cat2/sub-cat2-1/20180330_hinansha.pdf（2018年９月閲覧）
3）毎日新聞　2018年３月11日付
4）中央防災会議「防災対策推進検討会議」南海トラフ巨大地震対策検討ワーキンググループ『南海トラフ巨大地震対策について（最終報告）』内閣府　2013年　p.5
5）中央防災会議「防災対策推進検討会議」南海トラフ巨大地震対策検討ワーキンググループ『南海トラフ巨大地震対策について（最終報告）―南海トラフ巨大地震で想定される被害』内閣府　2013年　p.13
6）内閣府（防災担当）『避難勧告等に関するガイドライン①（避難行動・情報伝達編）』『避難勧告等に関するガイドライン②（発令基準・防災体制編）』2017年１月
7）消防庁災害対策本部「平成23年（2011年）東北地方太平洋沖地震（東日本大震災）について（第158報）」2018年９月７日
8）内閣府『平成23年度版防災白書』佐伯印刷　2012年　p.12
9）内閣府『平成23年度版防災白書』佐伯印刷　2012年　p.14、33-35
10）熊本県危機管理防災課「平成28（2016）年熊本地震等に係る被害状況について（第280報）」2018年９月13日
11）熊本県『熊本地震の発生４か月以降の復旧・復興の取組に関する検証報告書』2018年３月　p.450-451
12）厚生労働省：東日本大震災における被害状況（医療機関・社会福祉施設）参考資料5

http: //www. mhlw. go. jp/stf/shingi/2r9852000001yxlj-att/2r9852000001yy9a. pdf（2013年12月閲覧）

13）ちなみに、児童福祉施設は46人、障害福祉施設は10人であった。朝日新聞2011年５月28日付

14）NHK「福祉ネットワーク」取材班「東日本大震災における障害者の死亡率」『ノーマライゼーション障害者の福祉』2011年11月号　（公財）日本障害者リハビリテーション協会　p.61

15）震災関連死に関する検討会『東日本大震災における震災関連死に関する報告』2012年　復興庁　p.23

16）中川秀空「被災者生活支援に関する制度の現状と課題」『調査と情報』第712号　2011年　p.2

17）厚生労働省：福祉避難所指定状況
http://www.mhlw.go.jp/bunya/seikatsuhogo/saigaikyujo7.html（2013年12月閲覧）

18）消防庁：「東日本大震災を踏まえた大規模災害時における消防団活動のあり方等に関する検討会」中間報告書の公表
http: //www. fdma. go. jp/neuter/topics/houdou/h24/2403/240309_1houdou/03_houdoushiryou.pdf（2013年12月閲覧）

19）田中淳「人は避難しないのか、避難できないのか」辻本哲郎編『豪雨・洪水災害の減災に向けて』技報堂出版　2006年　p.67

20）静岡新聞2013年５月23日付

21）静岡県危機管理部危機情報課『平成23年度　東海地震についての県民意識調査』2012年　p.32、38

22）前掲書４）p.6

23）前掲書５）p.2

第2章 介護施設が巻き込まれる5つの変化

第1章では、国内における近年の災害と被災状況から、災害時における要配慮者の実態と支援体制の現状について理解を深めました。本章では、自然災害のうち「震災」「集中豪雨災害」「土砂災害」で被災した介護施設の災害対応事例（表２－１）を取り上げ、実際に新潟県中越沖地震で被災した介護施設の事例から、どのような変化に巻き込まれたのかをみていきましょう。

介護施設は高齢者や障害者等「災害弱者」といわれる人たちが生活しているため、援助の手はいち早く、被災生活が手厚く守られているとイメージしている人は多いことでしょう。しかし、被災施設の実態は自力での生活を中心にして、震災直後から平常時に至るプロセスのなかであらゆる変化に巻き込まれます。本章で紹介する事例では、それらの過程を明らかにしています。筆者らが行った新潟県中越沖地震の調査では、震災直後から平常時に至るプロセスは、被害状況の大きさにかかわらず、一定時間に共通する主要な変化が存在していることがわかりました。その主要な変化は「通常通り」の施設の役割維持と「災害時特有」の施設の役割変化という２つの機能を同時に併せ持った「災害過程」です。

本章では、これら２つの機能が震災直後から平常時に至る過程でどのように刻まれているのか、その実態を紹介し、災害時に巻き込まれる主要な変化とは何かを整理したいと思います。

表２－１　「震災」「集中豪雨災害」「土砂災害」で被災した介護施設の災害対応事例

・「震災」（新潟県中越地震・中越沖地震）で被災した新潟県下の介護施設５施設
・「豪雨災害」「土砂災害」で被災した山口県下２施設、愛知県下１施設の被災施設
計８施設（内訳：特別養護老人ホーム５施設、障害者支援施設３施設）

1 災害時特有の役割である福祉避難所機能

近年、防災に関わる様々な見直しが行われるなか、災害時における介護施設の役割のひとつとして、福祉避難所を担うことが期待されています。

福祉避難所は災害救助法を根拠に設置される機関であり、一般の避難所では避難生活が困難な高齢者や障害者等の要配慮者支援が目的です。災害時に必要に応じて開設される二次的な避難所として、各市町のガイドラインにも明記されています。通常、福祉避難所は市町村等関係機関との連携によって、開設、運営されるもので、復旧までの間、宿泊等に対応できる施設機能はもちろん、生活支援に必要なマンパワーを備えていることが必要です。この点において、介護施設は、災害時であっても「通常通り」の施設の役割維持ができることが大前提であり、福祉避難所は、さらにそこに追加される役割や機能といえます。

厚生労働省が実施した全国調査によれば、指定施設箇所数は、平成24年９月時点において、全国で１万1,254施設にのぼり、うち80％以上が社会福祉施設の指定となっています。その後、震災や豪雨災害の増加に伴って、全国の指定数は現在も増加し続けています。

こうしたなか、国内の研究動向をみると、福祉避難所の設置数や要配慮者支援の実態を捉えるための量的な調査は数多く存在しているものの、災害過程を質的に捉え、介護施設が福祉避難所機能を担うために必要な条件や課題等を明らかにしているものは極めて少ない実態にあります。

そこで本書では、近年の自然災害にて被災した介護施設の被災経験をエスノグラフィックアプローチ（図２－１）によって調査し、介護施設が災害時に巻き込まれる主要な変化とは何かを整理することにしました。筆者が行ったエスノグラフィックアプローチは、介護施設の被災経験に焦点を当て、被災状況や災害対応の実態を観察や面接、質問紙などを用いて調査し、これらの結果を時間軸で整理しなおしたものです。施設職員および利用者双方の語りから複眼的に被災経験を捉えることで、災害時に介護施設が巻き込まれる主要な変化とは何かを明らかにすることもめざしました。それでは、介護施設が被災時において発揮すべき「通常通り」の役割維持と、福祉避難所など災害時特有の役割変化の実態をみていくことにしましょう。

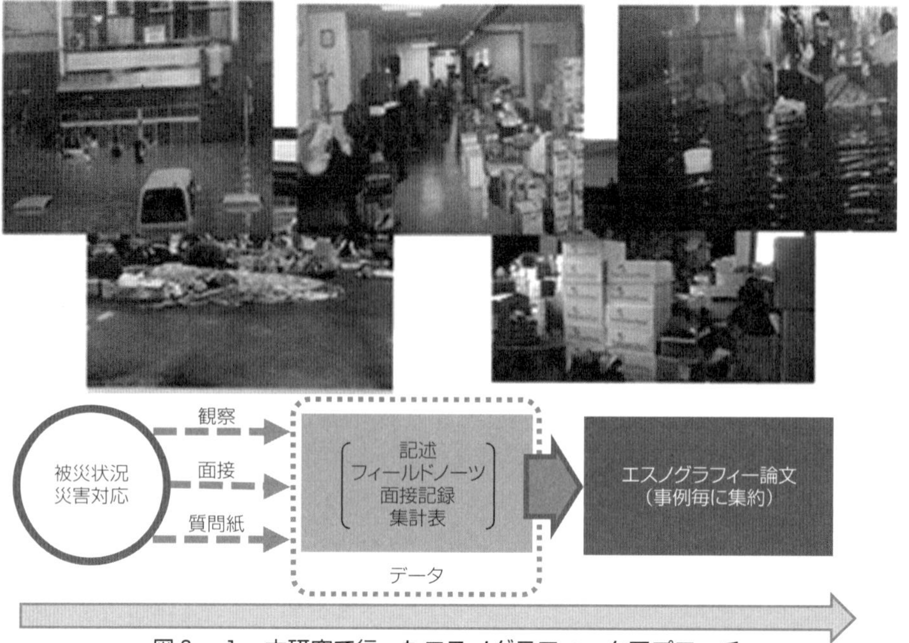

図２－１　本研究で行ったエスノグラフィックアプローチ

２　巻き込まれる５つの変化

１――「設備・ライフラインの損傷」によって生じる通常業務の変化

「ライフライン」の維持は、震災時において一般的に着目される問題です。特別養護老人ホームの施設Ａでは地震発生時、通常業務として入浴介助が行われ、職員はその準備に追われていました。施設内には一般浴槽の他、寝浴、座浴等の特殊浴槽が設置されています。これらすべての浴槽は地震発生の直前まで稼働した状態にありましたが、地震発生とともに、ガス、水道がストップしました（全市でストップ）。この問題に対し、施設Ａでは、幸いにも電気

写真１・２：施設Ａの受水槽（30トンの貯水も配管の破損で機能せず）

が通電した状態にありました。その他、施設Ａの給水システムは、受水槽30トンのタンクに一度貯水し、そこからポンプで館内に送るしくみであったため、地震発生直後も30トンの水がタンクに貯蔵されていました。さらには、停電時に発動する自家発電システムの完備により、送水ポンプの稼働も可能な状態にあったことは特筆すべき点です。このように震災時を想定した環境整備は重要です。しかし、施設Ａでは結果的に別のトラブルによって給水に問題が生じました。それは、受水槽と建物をつなぐパイプの亀裂による破損です。この影響で、施設Ａは給水システムが活用できないトラブルに見舞われ、介護業務に大きな影響が生じました。

ケース①　「飲料水以外」の水

施設で活用する水の用途は、飲料用だけではなく、入浴や調理の他、汚物処理等の環境整備に関わる給排水の双方にまでおよびます。つまり、水の確保は生活面のあらゆる介護内容に直結する問題です。このような水の問題について、当時の経験を施設長は次のように語っています。

> 『意外に使うんですね。特に生活排水（排泄用）、いわゆる水洗トイレを使います。水洗トイレは、私らもこんなに水使うのかと思いました。たとえばおしっことか排便について、水洗トイレは洗面器１杯の水では流れないんですよ。おしっこは薄くはなりますけれど、便は流れません。大体10リッターからバケツ１杯ぐらい。バケツ１杯流さないと流れないんです。それには驚きました。』（施設長）

ケース②　「日頃のメンテナンス」の効果

このような事態に対し、幸いにも電気が通じていた施設Ａでは、震災直後にもかかわらず、施設を建築した関係業者への電話連絡が可能でした。これには日ごろから設備のメンテナンスに関わっていた施設長が当たり、結果的に当日午後には業者の対応を受けることができました。さらに、この時点において、給水システムの問題に限らず、施設の設備関係業者すべて（電気設備、建物、建築担当者）に対し、連絡調整が行われ、同日に招集がなされたといいます。このような迅速な対応が可能となった背景には、幸いにも電気が通じていたというだけではなく、日ごろからメンテナンスに関わっていた施設長が設備の異常を早期発見できたことや、日ごろ連絡調整を密に行ってきた設備関係業者との連携が、震災時も同様に発揮されたことにあるといえます。こうした早期の対応によって、施設Ａでは翌日の朝に給水が復旧しています。

ケース③　「排水問題」が生み出す衛生面への影響

一方、当日介護業務に入っていた介護職員は、水の問題に対し次のような事態に直面していました。先に紹介したとおり、施設Ａは地震発生の翌日には給水システムが稼働しています。それにより給水することが可能となったものの、トイレの排水ができない事態にあったのです。また、いつ余震が発生し、停止するかもしれない状況にあるなか、さらなる設備の故障も予想されたため、入浴は危機管理の視点から、かけ湯および清拭で対応していたといいます。加えて、排泄については、ポータブルトイレを中心に排泄物をある程度溜めながら処理する対策を取るほかなかったようです。このときの排泄の問題について、当時介護に当たっていた職員は次のように振り返っています。

『排泄介助は、つい立てでちょっと隠しながらやっていましたけれども、においはやっぱり出ますし、換気してもにおいは残ります。トイレの水が、初めの１日、２日ぐらいですかね、その後は自衛隊が給水してくれましたので、市内に水道は出なくても、ここの施設は水道が出るようになったんですけれども、トイレの水は流れませんので、ポータブルトイレを使用するために、居室を１つつぶしてそこにポータブルトイレを４つ並べて排泄用の部屋にしたんです。仕切りのカーテンがついていますから、それを簡易トイレみたいな感じでつくったんですけれども、においがすごかったです。』（相談員）

この職員の話は、施設における給排水の問題が、環境整備という視点にとどまらず、入所者に生理的かつ心理的な圧迫を与えていたことも表しています。このとき、窓を全開にして換気を継続していたにもかかわらず、施設内には強烈な悪臭が漂い、入所者の食事は進まなかったようです。また、排泄介助を共有スペース近くの間仕切りで実施していた現状については、その後職員から次のような補足がありました。

『今思えば、部屋は空いているわけですから、一人ひとりそれぞれの部屋に行って排泄したほうが、介助的にもにおいの問題も大きくならなかったと思います。そのときは思いおよばなかったですけどね。』（相談員）

これは、水の問題のみに限定されるものではなく、従来の排泄介助とは異なる物品や場所を活用するという特殊な環境因子から、ある種の非効率な介護内容が発生していることに対して、震災発生直後は介護職員自身もその違和感を覚えにくい心理状況にあったことを示唆しています。

2 ――「救援物資」が生み出す介護内容の変化

災害が発生すると、被災地には各種の救援物資が届けられます。そのひとつは食糧であり、これは人が生命を維持していくうえで欠くことのできないものです。一般的に、3日分の食糧を保管の目安にしているという施設をよく聞きます。施設Aも同様に、3日分の食糧を目途に確保していました。さらに、地震発生の翌日には市の災害対策課を経由して食糧の供給もありました。ところが、ここから予想していなかった問題に直面し、その対応に迫られるのです。

ケース①「配給弁当が食べられない」という課題

施設長はこのときの食事の問題について次のように語っています。

『一番最初に来たのがコンビニで売っているおにぎり、海苔のおにぎりで、シャケマヨネーズが180食来ましたけれども、それを加工しなければならないのですね。しかも中に具材が入っているからなかなか加工できないので、非常に使いにくいです。あとは、市外の弁当屋さんがお弁当をつくってくれて、中にはおかずとご飯、主食と副食が別々になっているときもありました。ただ、そのおかずは一般の方が食べるおかずですので、やはり、それを加工しなければならないという手間がありました。おにぎりもゴマがついて、中に梅干とかシャケが入っている。結局、すべて全部高齢者に適している食事ではないという感じですので、実際、2日間でうちのほうは供給を止めています。うちはもういりませんと。』（施設長）

つまり、特別養護老人ホームの利用者には、一般に供給される調理済みの食べ物は、嚥下等の関係からそのまま口にできないという課題があります。このため、施設で改めてそれを加工し直す必要があり、業務内容を変化せざるを得なかったのです。しかし、混乱した被災時、食事を加工する業務量の変化・増加は、施設職員の手を大きく煩わせました。結果、施設Aでは早期に供給を打ち切り、施設で保管していた備蓄品と、これまでに関わりのあった介護施設に食料品提供の依頼をし、その支援を中心にして食事を提供しています。これは、施設間のネットワークづくりが非常時に大きな力になることも物語っているといえます。

ケース②　「仮設浴場では入浴できない」という課題

食事の問題が落ち着きはじめたころ、施設Aでは、次に入浴の問題に直面します。地震が発生したときは夏でした。よって入浴の必要も他の季節に比べて高くなることがわかります。地震が発生した翌日夕方、自衛隊が施設の隣の敷地に仮設の入浴テントを設営しました。自立度の高い入所者は、利用時間を調整しながら、介護職員の介助の下で、この仮設浴場を利用しました。しかし、仮設浴場の利用は要介護者に対応した設備ではないため、これを利用できる入所者はごく一部にとどまります。そこで、施設Aでは、自衛隊から施設の浴室に5トンの湯を供給してもらいました。しかし、このような支援を受けることができたのは、「たまたま運よく、施設の隣に仮設入浴場がありましたから」と施設長は振り返ります。このため、仮設浴場の利用は5日で終了し、その後は施設での入浴を開始しました。ここで紹介した食事や入浴に関わる支援の実態は、物資の供給により、業務量や介護内容が変化・増加していることを表しています。いずれも想定外の内容であるとともに、物資に応じて臨機応変な介護内容の変化が生み出されていることがわかります。

写真３：救援物資が届けられる様子

写真４：自衛隊による救助活動
（仮設入浴場の設置）

3 ──「緊急入所・避難施設」としての役割変化

被災した施設は入所者だけではなく、通所利用者の避難先をはじめ、緊急避難場所としての役割も期待されます。通常業務と緊急避難先としての２つの機能は極めて複雑な実践過程です。いずれもマニュアルに基づく計画的な活動ではなく、「その時、その場」に応じた複雑かつ切迫した状況下での施設長の判断を中心にしていたようです。

『現場は結構やることがいっぱいありましたので、それぞれがその持ち場で片づけとか、利用者の介護支援をしていました。一部の介護職員は、避難者の対応のほうに回らざるを得ませんでした。基本的に避難者の対応は主任と相談員とで対応していましたが…。介護職員である程度オールマイティーに動ける人の場合、通常の現場から避難対応のほうに入っていくと、どうしても現場に穴があいてしまいます。今度はそこに穴埋めに入る職員を検討してみたいなかたちで、その都度穴を埋める状況で動いていました。』（施設長）

施設の人員配置は通常、緊急避難先を兼ねた想定で配置されていません。ましてや、職員も被災した状況にあるなか、新たな機能を加えた施設のマンパワーを維持・調整することは極めて厳しいものです。こうした状況下、施設長は「地震が発生した時間帯も関連していたと思う。日勤帯ですから、まだ人が施設にいるという状態はラッキーだった」と振り返ります。しかしながら、先の見えない人員配置でのマンパワー調整は、その日の状況に応じた試行錯誤のマネジメントであったといえます。

ケース①　災害が起きたときには「誰でも受け入れる」という考え

施設Aは、震災直後から「緊急避難所」としての役割を同時に担うことになりました。地震の揺れによる被害は介護施設よりも一般の住宅のほうが大きな損害を受けている場合が少なくありません。実際、施設Aの近隣地域でも避難を強いられた人々が多く、学校や公民館では生活が難しい要介護者の受け入れを進めました。特に、これまで施設Aの通所サービスを利用していた人のうち、避難せねばならなくなった居宅生活者が中心でした。このように避難所としての役割を担うことになった施設Aは、1階のデイサービスのフロアを当てることにしました。しかしながら、施設は「福祉避難所」としての指定を受けてはいなかったといいます。正確には、災害発生後に指定を受けることは可能であったものの（実際に行政からその依頼があった）、その時点で施設内は避難してきた人々で溢れかえっており、それ以上の受け入れが困難な状況にありました。施設長は当時を振り返り、次のように語っています。

『災害が起きたときに、私らは基本的には誰でも受けるという考え方をしていました。緊急時に限らず、受けなかったら施設ではないですから。16日のお昼のときに、施設の被害状況を確認した上で皆にその方針を伝えました。これからじゃあ入ってくるぞという感じは、みんな認識としてはもっていました。ただ、どのくらい入ってくるかという予想はつかないですよ。』（施設長）

避難所であった期間中の避難者数は最も多いときで76名、延べ人数では104名を数えます。このうち、91名は施設Aを以前に利用したことのある人でした。残る13名は、ほかのデイサービスセンターを利用していたものの、施設Aに変更したり、民生委員が自宅から連れて来た、あるいは避難所へ行ったものの、そこでの環境では難があったために探し回って辿り着いた人々でした。

ケース②　「受け入れ態勢」はどのように整うか

避難所としての受け入れ相談は、地震発生の当日午後から問い合わせが入りはじめたそうです。とはいえ、施設が避難所を兼ねるか否かは、その施設のある地域が受けた被害の状況にも大きく関連するといえます。実際、新潟県中越沖地震の場合、柏崎市は大きな被害を受けたものの、それが顕著であったのは施設Aのある旧市街地でした。これに関連して、施設長は次のようにも話しています。

『施設の受け入れ態勢ってそれぞれ違うんですよ。私らの法人は３つあるんですけれども、その３つでもやっぱり違っていて、ニーズ的に依頼がいかなかった施設もありました。ここ（施設A）は中心街で、地震との関係でいっても、特にこの旧市街地は多くの方が被災されました。ただ、私らのほうでは受け入れ数に限界が生じてきました。そこで、うちと関連のある施設のほうにショートで入ってもらった方も結構います。そういった調整をしつつもどんどん電話がかかってきていました。そのとき、法人のほかの施設に聞いたら、いや、まだうちは10人ぐらいしか来ていないという話もありました。この格差は一体何なんだろうと思いましたよ。私の施設はそのころ20件は既に来ていましたので。』（施設長）

この話からは、緊急避難先としての利用の偏りが発生していたことが推察されます。また、施設が避難所として機能するためには、避難して来た人々の寝具等物資の調達、ならびにケアするスタッフ等人材確保も不可欠となります。施設Aの場合、寝具等の物品に関しては、関連する業者や取引のある業者自らが気を利かせて連絡を取り、運び入れてくれたそうです。また、他県の介護施設からの援助によって、介護に必要なあらゆる物資が整っていったといいます。このときの状況について、施設長は次のように語っています。

> 『人もそうです。支援物資もそうです。もう本当にありとあらゆるものを外から支援していただきました。あれだけの人（避難者）を受け入れるのに当たって、ベッドから布団からすべて全部、それも全部事業者が声をかけてくれたんです。そのときは、とにかく多くの人を受け入れられるよう何でもどんどん運べというようなお願いをしました。そのほか、人的にも物質的にも非常に各方面から支援がありましたので、うちは一般的に言われる市・行政・災害対策課の支援ではなくて、ほかの施設とか、関係業者からの支援が中心でした。それから食品の取引しているところが補助食品とか缶詰とかを持ってきてくださいました。』（施設長）

ケース③　デイサービス職員でも「夜勤」

一方、人材確保では、全国的な組織である21老福連、新潟県老人福祉施設協会（県老施協）および看護師協会から派遣されるボランティアの支援を受けていました。１日当たりに送られる人数はおよそ２名程度。とはいえ、派遣されるボランティアはいずれもその現職にある専門職者であり、大きな戦力になったといいます。このような人的資源の派遣は地震発生の３日後には実現し、泊まりこみで業務の支援に当たっています。

> 『うちの施設が加入している21老福連という団体があるんですね。これは全国区で100弱の施設が加入しているんですけれども、施設Ａに支援に行かなければならないということで、全国的な展開のなかで支援を募って調整をしてというのがありまして、実は７月の終わりから８月いっぱいにかけて支援に来てもらっています。これはもう遠くは九州の福岡から東北は山形、それから東京、大阪、京都、いろいろなところからみんな来てもらいまして、その方たちもここに大体２泊３日とか泊まりながら支援してもらっています。』（施設長）

施設長は、さらに避難所に求められることは、スタッフの数ではなく、この施設に精通すると同時に、現場全体を把握し、状況に応じてスタッフを指揮できる人材と語ります。このため、ボランティアに頼れる業務範囲には限度があり、どうしても施設Ａの職員が担当しなくてはなりません。よって被災直後から平常時に至る期間には、一定数、とどまることなく職員の投入が不可欠となります。現に施設Ａでは、地震発生の当日、職員の勤務割を組み直し、デイサービス担当職員に、本来は課していない夜勤を命じています。

『全員体制でやりました。デイサービスは16日から休館ということで閉鎖していますので、デイサービスの職員を使いながら２階の職員を応援というかたちで対応しました。実際に大変だったのがデイサービスの相談員です。具体的にいうとすれば、デイサービスの構成は正職員が４人なんです。それが相談員なんです。そのほかはいわゆる介護と看護師は全部準職・臨時職員、ないしパート職員なんですね。契約のなかにはその職員には夜勤をさせないことになっております。そこで４人の正職員で夜勤を賄うというかたちを指示したんです。特に16日の職員は日勤からそのまま夜勤に入り、翌日までいました。夜勤明けで帰って、次の日また夜勤で入るというかたちで指示しました。』（施設長）

このことについて、相談員は当時の様子を次のように振り返っています。

『２週間ぐらいですか、ボランティアさんにも夜勤に入っていただいたりもしました。ふだんはデイサービスですから夜勤はないんですけれども、２週間ぐらいはずっと夜勤をやりましたね。ベッドがないので会議室にベッドを並べて。あのときはデイサービスの風景が一気に変わっていきましたよ。利用者さんは自立されている方が多いのですが、家のことや、これからのことを心配したりで、緊迫した様子でした。あのときの一番ハードな勤務は、デイサービスの相談員でしたね。』（相談員）

災害の発生により、その直後から施設には「緊急避難先」という新たな役割が課されます。これは福祉施設である以上避けられない役割ですが、特に初期における避難先としての期待は大きいことが読み取れます。施設Ａがこのような緊急避難先としての機能を発揮できたのは、人的・物的要件が整ったことが最大の要因であり、ここには施設間、関連業者とのネットワークが重要であったことがわかります。しかし、これらの要件が確保された後も、デイサービスの相談員がそうであったように、一時的に職員に大きな負担が生じることを見逃してはなりません。その負担をどう軽減させるか、先の見えない勤務管理は大きな課題であるといえるでしょう。

4 —— 震災直後から平常時に向かう過程での「ネットワーク形成」

施設Ａは、緊急避難先（以下、避難所）を兼ねた役割の変化によって、地震発生直後からおよそ１週間、職員はフル稼働で業務に当たりました。しかし、ボランティア等応援スタッフの確保後、職員の勤務形態は一部職員を除き、できるだけ通常に近いかたちに戻すことを意識したと施設長は語っています。

> 『応援スタッフ、ボランティアの見通しが立ったころ、職員の休みも確保しながらやりました。必ず休みも入れるかたちでやりました。まず休みを入れないととても回らないです。』（施設長）

この発言は、避難所対応が加わった際のマネジメントについて、職員の勤務割を再編成するうえで管理者として最も留意したことを質問したときのものです。短い発言ではあるものの、非常時であっても職員に通常どおりの休日を付与したことを強調した発言です。つまり、非常時においても一定の介護の質を保証するためには、最低限、職員の休日を確保することが不可欠であることを物語っています。

ところで、避難者の数はピーク時76名を数えましたが、余震も収まり、それぞれの自宅の片付け等が進むにつれ、施設Ａを後にする人が出はじめてきました。自宅での生活を再開する高齢者が現れはじめることは、施設にとっては閉鎖していたデイサービス開始の必要に迫られることを意味しています。現に、施設Ａでは、地震発生から２週間後の８月１日、デイサービスを再開しました。このとき、まだデイサービスのフロアには避難生活をしていた人々がいたため､それらの人々は２階の入所フロアへ移動したといいます。このころの応援スタッフの確保について施設長は次のように振り返ります。

> 『私らのほうで老施協に応援の派遣をお願いしたのは８月10日（発災から25日）までだったんですが、その後も落ち着かず、結局８月31日まで続きました。看護協会は８月５日（発災から20日）まで入っていただいていました。』（施設長）

このように､デイサービスの再開は避難所の終了を意味するものではなく、被災者の生活に応じた機能変化と捉えることができます。一方で、これに当たる応援スタッフの要請を引き続き行うことも生命線であり、新たな機能変化にも迅速に対応する努力を重ねていました。しかし、避難者の数が減少していくなかで、施設としては応援スタッフの数も検討する必要があるのではないかと感じるようになったそうです。つまり、ボランティアの受け入れを制限し、通常の人員配置に戻したいとの気持ちです。このことについて、次の施設長の発言は平常時に向かう復旧過程でのもうひとつの変化を物語っています。

5 ── 通常業務に戻った後の「マンパワーの温度差」

施設Ａでは、施設長を含め、職員は地震発生から１か月半が経過した９月に入ったころを契機に、「施設が通常時に戻った」と捉えていたようです。デイサービスの再開や、ボランティア・応援スタッフが去り、従来の施設の職員のみで介護をはじめたことは、通常業務に戻りつつあることを職員自身が実感する契機でした。しかし、このときの職員の安堵感は、別の心の動きを生み出しているようにも見えたといいます。このときの状況について、施設長は次のように振り返っています。

> 『全体が普通の状況に戻ってきたなかで、支援する方がいっぱい来て、いっぱい対応してくると、最後のほうには職員に対してちょっと心配があるんですね。人数が多くなる…　いわゆるケアの人数が多くなってくると、本来の業務に戻ったときに落差があるから、職員がちょっと…、やっぱりいっぱいいればいっぱいいただけのそのケアができるけれども、ゆくゆくはできなくなってくるんです。職員（応援スタッフ）がいなくなったときに、それだけのケアが保てるかというと、ちょっと危険性もあります。そういう部分も見越して対応しなくてはならないのも正直なところです。』（施設長）

ここには、ケアに当たるスタッフが多ければ、それだけ手厚いケアが可能となる一方で、応援スタッフは遅かれ早かれ、いずれはいなくなることを考えると、その人数でのケアが当たり前にならないうちに本来の数にしなくては平常時の介護の質に影響するとの判断が働いています。次の施設長の発言は、平常時に向かう時点で職員の安堵感とともに緊張感が取れて、たまっていた疲労が一気に出るというような、大きな疲労感を体感しやすいことを表しています。

> 『ただ、そのころになると職員の疲れが出てきて、故障者が出てきていました。避難者が戻って、通常へ戻っていくことによって、今度は職員の疲れが少しずついろいろなところに出てくるんです。そこでやめたりした職員もいましたし、事故でちょっと休む職員がいたりとか。そうすると、そのしわ寄せで、さらに職員の疲労がたまる。私らのところはそれでも新人さんが少しは入りましたので、正職員と臨時職員をひとりという夜勤ができる、何とか確保しましょうという、そんなかたちで何とか回りましたから。とりあえず何とかなってはいたんですけれども。』（施設長）

以上、介護業務を無理なく平常時に戻していくためには、それを見越したマンパワーの確保・調整と配置を計画的に行っていくことが求められるといえます。

３「５つの変化」と対応課題

介護施設に求められる災害対応は、発災時の避難行動や緊急的対応にとどまらず、刻々と状況が変化する災害過程に応じた手探りの実践です。

本章では、このような手探りの実践が主要な５つの変化に対応する実践であることをみてきました。通常通りの役割維持は、災害時と福祉避難所運営に必要な機能として考察を進めました。福祉避難所運営に必要な機能は、計画的に整備できるものばかりではなく、限られた備蓄と制限を受けた設備、不足するマンパワーにいかに対応できるかという臨機応変な機能が必要です。また、災害時特有の役割のひとつである福祉避難所も、計画的な開設・運営が極めて難しい実践であることもわかります。災害時の対応は、いずれ終了することも必要になりますので、終了するために必要な資源が確保されることも求められます。

このことから、災害時における５つの変化は、各施設が事業所単位で対応するのではなく、地域という単位で相互連携を図りながら、取り組んでいくことが大切です。こうした地域単位での取り組みを進めていくことが、福祉避難所運営に限らず、災害や介護に関連する様々なネットワークやしくみ、制度等を有機的に結びつけていく実践へと発展していくのです。本章でみてきた５つの変化とその対応課題は次のとおりです。

変 化 １：設備・ライフラインの代替品が支える通常業務
対応課題：災害時とはいえ、発災時の避難行動や生命維持レベルの救急対応等を除けば、介護内容は概ね通常業務と変わることはない。そのため、食事や排泄、入浴等の日常生活上の介護内容の機能維持のために必要な水・電気・ガスといったライフラインの確保が最低限不可欠である。ここでの対応課題は、ライフラインが断絶した場合にも通常業務を維持することができるかという点であり、これに対応できる代替品や設備補強の機能が、福祉避難所運営だけでなく、通常業務を維持するために必要な機能でもある。
変 化 ２：救援物資によって混乱する介護業務と介護内容
対応課題：備蓄として考えられることのひとつに食糧がある。概ね３日の備蓄が

あったとしても、被災生活が長期化すれば配給される食料に頼らざるを得ない状況に見舞われる。このとき、配給される食材等の物資が、介護対象者の状態に適応できるものであるかの判断は、被災した介護施設に任される判断である。また救援物資はすぐさま活用できず、加工が必要であったり、使用方法が煩雑だったりするので業務の混乱や増加につながることも想定される。これに対応できる設備やマンパワーの機能は、福祉避難所運営以前に、通常業務が維持できるかの判断軸でもある。

変 化 3：緊急入所・避難施設としての役割変化

対応課題：被災時は、福祉避難所運営や緊急的なショートステイ等、避難後の生活支援の役割をふまえた機能が求められる。これらを担うためには、変化１の対応課題である設備の復旧や代替品の確保など、ハード面の機能維持は必要不可欠である。一方で、新たな入所者の受け入れを可能にするためには、通常業務以上の生活スペースや機材、避難者の介護を担えるマンパワーも必要とする。

変 化 4：災害直後から平常時に向かう過程でのネットワーク形成

対応課題：被災施設の介護職員も被災者であることを考えると、災害時におけるマンパワーの確保は施設内外を見越した確保・調整が必要である。施設外から受けられる人的支援は、全国各地の団体等による大規模な連携ばかりでなく、近隣住民や日頃から交流の深い施設、関係業者等身近な連携によっても成り立つ。これらのネットワークによって、刻々と変わりゆく災害過程や被災生活の長期化に対応できるマンパワーは、広域に及ぶ場合もあり、被災地内外で調整が求められる機能である。

変 化 5：通常業務に戻った後のマンパワーの温度差

平常時に向かう過程では、ボランティア等様々な支援人材が減少されていく。この時期に施設職員が感じているマンパワーの温度差は、疲労感や喪失感など、精神的な健康被害につながる課題である。また、災害時は施設内のデイサービスを休止し、そのスペースで福祉避難所等を開設・運営している事例が少なくない。これを例にとっても、休止していたデイサービスを再開させることは復興に必要な活動でもある。このように、通常業務に戻るためには、福祉避難所を閉設できるしくみ等の資源の充足・機能も必要である。

第3章　災害過程アセスメントで「備える」
―4つの災害ケースメソッド

1　災害過程アセスメントのワークについて

第1章では、国内における近年の災害とその被災状況、災害時の要配慮者の実態と支援体制の課題について理解し、続く第2章では、自然災害のうち「震災」を取り上げ、実際に被災した介護施設の事例をもとに「震災時に巻き込まれる5つの変化」を整理しました。介護業務は通常ライフラインが機能していることが前提で展開されていますが、災害によってライフラインを含む設備が損害を受けると介護業務は大きく変化します。さらに、ひとたび災害が起こると施設に避難所的な機能が求められ、様々な役割も期待されます。こうしたなか、災害ボランティアをはじめとする専門職団体とのネットワーク、マンパワー調整は被災直後から復旧に至る「災害過程」において極めて重要な視点です。

本章では、これら5つの主要の変化に備えるべく、4つのケースメソッドから災害過程に対応すべき内容と、それらを実践するために備えるべき「物品・業務・研修内容」等を実際にアセスメントしていきましょう。このワークで使用するものが「災害過程アセスメントシート」です。「災害過程アセスメントシート」は、「被害状況」とその状況下で求められる「介護内容」の2つの関係性を整理して、対応策を考えることをめざしたワークシートです。ワークをすすめていくためには、「被害状況」を想定することが必要になりますので、ここでは、新潟県中越沖地震で被災した特別養護老人ホーム（施設A）と、ライフラインの完全復旧までに288時間を要した身体障害者入所施設（施設B）の被害状況を事例として活用します。

この2施設が災害時に巻き込まれた変化を課題（被害状況の想定）に、もし、あなたの勤務する施設で同様の事態に巻き込まれたら、何をどのように取り組むべきか、その課題と対策を明らかにしていきましょう。

2 ケースメソッド１

—ライフラインの断絶と介護業務「水が足りない！」

1 —— 水の備蓄への対応

新潟県中越沖地震の特徴には、集落箇所で孤立した被災状態が続いたこと、度重なる余震によって、ライフラインの復旧が難航したことがあげられます。施設Ｂの調査では、第２章で紹介した施設Ａ同様に「水の問題」が極めて切実でありました。調査開始時、施設職員からは被災時での困りごとについて「飲み水、洗濯、トイレを流す水の確保」と、いかに「水の確保」が困難であったかが強調されました。さらに、施設入所者からも「断水中は風呂だけじゃなく、歯磨きや洗面もろくにできていない…」という話も聞かれ、水の確保の問題が生活上いかに切実であったかを明らかにしています。実際に施設Ｂが受けた断水期間はおよそ４日間。この間、生活行為に要する水の確保の困難さは、介護内容を維持するうえで極めて重大な問題であったようです。それでは、まず最初に、断水被害とそれによって変化する介護内容についてアセスメントすることからはじめてみましょう。

当時、施設Ｂの現場で指揮をとっていた介護職員の説明によれば、飲料水の備蓄はペットボトルで数日分。これとは別に、トイレの排水用も準備してはあったようですが、１日ももたなかったといいます。第２章で紹介した事例でも、水の問題は飲料水の確保だけでなく、「排泄を処理する水の確保」に大きな課題があったことを紹介しました。施設Ｂもまったく同様の課題に直面しているといえます。このようななか、施設Ｂは、排泄処理用の水を確保するために、施設近隣の「湧水」を代用したそうです。このときの様子について、介護職員は次のように説明しています。

『飲み水を含めて、はじめは近くの湧き水を汲みに行ったんですよ。湧き水が山の中腹にあるんですけど。ですが、あの水を持ってきたら、施設の栄養士に、こっぴどく怒られましてね。「ちゃんと検査もしないで、こんな水を皆さんに与えられちゃ困ります」なんていわれちゃって。それで「すみません」と謝罪して飲み水に関してはコンビニへ買いに行ったんです。でも、買いに行っても、水はないんです…』（介護職員）

写真１：施設近隣の山中にある湧水　　写真２：水田横の湧水

このほか、水の問題は洗濯水も想定されますが、施設Ｂにおいては近隣に稼働していたコインランドリーを発見し、そこを利用して洗濯を続けることができたようです。このように、ここでの断水被害は、施設の「備蓄」や「施設内の作業」ではなく、すべて「施設外」での偶然ともいえる物品の確保や作業を中心に行われていたのです。

２ ── 生活排水への対応

施設で活用する水の用途は、飲料用だけではなく「入浴」や「調理」の他、「汚物処理」等の環境整備にも関わります。つまり、水の確保は生活面のあらゆる介護内容に直結する問題と理解できます。このような水の問題について、施設Ａの施設長は次のように語っています。

『意外に使うんですね。特に生活排水（排泄用）、いわゆる水洗トイレを使います。水洗トイレ、私らもこんなに水使うのかと思いましたが、たとえばおしっことか排便について、水洗トイレは洗面器１杯の水では流れないんですよ。おしっこは薄くはなりますけれども、便は流れません。大体10リッターからバケツ１杯ぐらい。バケツ１杯流さないと流れないんですよ。それには驚きました。』（施設長）

水の問題は飲料用だけでなく、排水の用途として実に多くの水が必要であることがわかります。また、幸いにも電気が通じていた施設Ａでは、震災直後にもかかわらず、施設を建築した関係業者への電話連絡が可能であったため、結果的に当日午後には業者の対応を受けています。さらに、この時点において給水システムの問題に限らず、施設のあらゆる設備関係の業者すべて（電気設備、建物、建築担当者）に連絡し、迅速な調整が行われていたといいます。このような迅速な対応が可能となった背景には、幸いにも電気が通じていただけではなく、日ごろから設備の「メンテナンス」に関わっていた施設長による設備異常の早期発見や関連業者連絡調整を密に行ってきたことによる設備関係業者との連携が、震災時も同様に発揮されたといえます。こうした早期の対応によって、第２章で紹介した施設Ａでは翌日の朝には給排水の復旧に成功しています。

いずれにせよ水の問題は、飲み水の確保よりも、「排水」の確保に課題が大きいと考えたほうがよいようです。排水上の問題を考えれば、トイレの使用を中止し、ポータブルトイレを活用するなど、排泄物を一定量溜めながら処理するという方法も考えられます。しかし、このような対策は要介護者の状態によっては難しい面があると施設Ｂの職員は語ります。

『利用者さんのほとんどはポータブルトイレを日ごろから活用しているわけではないので、ポータブルトイレは使えない（介護もしにくい）というか…介護方法（移乗、座位を含め）を考えたとき、トイレを使わざるを得ない状況でした。』（介護職員）

施設Ｂでは、日ごろポータブルトイレを使用していない身体障害者の場合、別の環境で排泄行為をすることは、特に身体的な問題（異なる動線）が大きく、介護実践上も難しい面が強く現れたようです。また、ポータブルトイレでの介助を経験がない介護職員の場合、この問題は入所者、介護職員双方にとって負担を増す実践となります。その結果、施設Ｂでは、既存トイレの活用を継続することが優先され、そこで必要となる排水を給水作業によって支えることにしました。この給水作業は、地震発生後の断水被害から復旧までの期間、途絶えることなく何度も何度も繰り返されました。

施設Ｂの職員の話は、施設における給排水の問題が、環境整備という視点にとどまらず、入所者に生理的かつ心理的な圧迫を与えていたことを物語っています。

一方、施設Ａでは、ポータブルトイレを使用し、窓を全開にして換気を継続していたにもかかわらず、施設内には強烈な悪臭が漂い、入所者の食事は進まなかったといいます。また、排泄介助を共有スペース近くの間仕切りで実施していた現状にあったことを振り返り、次のように語っています。

『一人一人、部屋自体はあいているわけですから、一人一人お部屋に連れて行って、ポータブルトイレを個別に活用するという方法もありましたね。当時は、このところまでは思い及ばなかったですけど。』（相談員）

この話は水の問題のみに限定されるものではなく、従来の排泄介助とは異なる物品や場所を活用するという特殊な環境因子から、ある種の非効率な介護内容が発生しているとともに、震災発生直後は職員自身もその違和感を覚えにくい心理状況にあったことを表しています。この点からも、災害時の排泄介助をどのように行うかを訓練しておくことは、極めて重要な視点であるといえるでしょう。

3 ―― 入浴への対応

飲み水、排水という「水の確保」は、さらなる問題を引き起こします。それは入浴・清拭の問題です。この問題ばかりは、水を確保するだけでは解決に至りません。そこで施設Ｂは、近隣で入浴可能な介護施設と連携し対応することにしたそうです。このときの状況について、介護職員は次のように語っています。

『入浴は、同じ法人の施設Ｃ、施設Ｄという仲間の施設が柏崎にあるので、そこの施設が協力してくれました。私どもが少し落ち着いたころにＣとＤの施設の人がマイクロバスで迎えに来てくれて、柏崎までお風呂を借りに行きました。ここからは40分ぐらいかかるかな。午前中１班、午後から２班というかたちでお風呂を借りに行ったんです。

それで、今度は向こう（施設Ｃ、Ｄ）が、柏崎沖地震（新潟県中越沖地震）で駄目になりましたので、次はうちの施設が協力しました。私はマイクロバスの免許があるので、施設ＣやＤに迎えに行ったりもしましたし、向こうのマイクロバスも来ますので、２、３台ぐらいで連れてきました。ここでお風呂に入っていただいて、また帰ってもらう。持ちつ持たれつで、お風呂に関してはよかったんです。（中略）それでも、今日は風呂がないよといって、お湯を沸かして水を使わないシャンプーで済ませることがほとんどでした……』（介護職員）

このように入浴の問題は「断水」という被害だけでなく、ボイラーの問題が解決されなければ解消されません。そのため、入浴の問題は他の介護業務に比べ、極めて長期にわたったようです。当時、自衛隊による入浴場提供（仮設入浴場の設置）もあったようですが、第２章で紹介した施設Ａ同様に、車椅子を利用している入所者には到底利用できません。そのため、施設間連携による入浴対応と清拭が唯一の手段であったのです。施設Ｂの場合、男女それぞれの浴室にプロパンガスの湯沸かし機が１台設備されていたことが幸いし、しばらくはこれで湯を確保し「清拭」を続けることができました。しかしながら、入浴の支援が困難な状態にあっては、清潔保持の介護は極めて厳しい状況にあったようです。このときの様子を、施設入所者は次のように振り返っています。

> 『10日ぐらいたっても、まだガスが復旧しないもんだから、近隣の特別養護老人ホームのお風呂を借りました。順番に。いっぺんには行けないからね。何班かに分けて行きました。
>
> そのとき、神奈川からボランティアというか、市役所の職員がお手伝いに来て、私なんか、着替えをしていただきましたよ。うちの職員が洗ってくれて、脱衣所に行ったら、その神奈川から来た福祉の職員の人に着替えさせてもらいました。(中略)
>
> 水がなかったときというのは、もう顔も洗えません。歯磨きもしなかったです。水道が出るまで。もうまったく。長く感じたよ。風呂に入れねえっていうのがやっぱり長いなと思った』(入所者)

近隣施設での入浴は、ボランティアの支援によって実現されたことがわかります。しかしながら、ガス復旧までの12日間、入浴が実現されたのは１日しかありません。同時に、ガスが復旧していない期間は、お湯を沸かすことさえも難しく、清拭も毎日の実施が難しい状況にあったことは軽視できない問題です。

3 ケースメソッド２

―救援物資によって混乱する介護業務と介護内容「配給弁当が食べられない！」

第２章で紹介した施設Ａの事例では、配給された弁当が要介護者には提供できず、さらに加工の難しさから配給そのものを断ったエピソードを紹介しました。施設Ｂも、まさに施設Ａ同様の事態に見舞われ、備蓄品でしのごうとあらゆる工夫を重ねました。

そもそも施設Ｂのガスは都市ガスであるため、自施設の被害状況にかかわらず震災によって停止しています。地震発生からの復旧は、電気が３日後、水道が４日後に対し、ガスは実に12日間かかりました。ガスの供給停止は、何よりも調理に影響し、地震発生の翌日から厨房の機能に大きな影響を与えました。このため、厨房での食事の準備は中断するほかなく、施設は、屋外でカセットコンロを使ったり、木を燃やして火を起こし煮炊きするという活動を試みます。

『火は、カセットコンロと、あと私はその場面を少ししか見ていないのですけれども、当然、なかで火が炊けないでしょう。昔だったら梱包した板とか、要するに工作機械とか何かを運ぶときに、木で梱包するでしょう。細い木というか。あんな感じのものを、結局農業をやっていたので、山に行けばあるわけです。要するに外でバーベキューをやるのと同じ感覚じゃないですかね。それで、一食、中華スープをつくったという話です。あるものをみんなぶち込みました。結局、冷蔵庫に入れたって、電気が来ないんだから、腐るわけじゃないですか。』（介護職員）

このように、地震発生翌日の昼食は屋外でありあわせのものを入れて煮込んだものです。とはいえ、備蓄に限界がある状況では行政から支給された食べ物をいただくほかなく、利用者が口にできるものを選んで提供していたようです。

『パンがあるでしょう。そうすると、火が使えるようになると、パンを牛乳に入れて、かゆのようにして、それを提供しました。利用者さんだって、いくら細かくしても、食えないものは食えないですわ。今やれる範囲でやれることというのを、栄養士さんと相談して、この手があるかなあと考えながら。』（介護職員）

このように、制限された状況下でできる工夫を重ね乗り切っていたことがうかがえます。そうしたなかで利用者からは、次のような発言もあったそうです。

『同じものを１日か２日食べれば、「また、これだか。普通のものを食べさせてくれんがや」という声はたくさん出ました。』（介護職員）

この種の発言は一見、不満とも受け取れますが、必ずしもそうとはいえないところもあるようです。介護職員はこのときの様子について、次のように言葉を加えています。

『とにかくもうこれしかないんだからという話しかしていないです。利用者さんがおっしゃるのは、通常の状態に早く戻らないかなということなんだと思います。これね、苦情じゃないと思うんですよ。叫びというか、あるじゃないですか。私が思うに、やっぱり言わずにはいられないというか、言いたい、聞いてよという話なんだと思います。』（介護職員）

この話は、入所者の声を傾聴、受容する姿勢、役割が極めて重要な支援であることを物語っています。しかしながら、提供できるものに制限があるなか、入所者の要望を受け続ける職員の心理面も大変過酷なものであったようです。

また、食事に関しては、このほか胃瘻や経管栄養などの問題も想定されます。しかし、幸いそれらの食品は、施設内の備蓄量が豊富な場合が多く、施設Bにおいても問題は発生しなかったそうです。入所者の食事の備蓄が問題視されるなか、施設Bで唯一大量に備蓄されていた（備蓄可能であった）ものともいえます。

ところで被災時、ガスの供給停止に対しては、一般的にどの施設でもカセットコンロ等の対応策を考え、それらを複数準備をしていることが推察されます。施設Bにおいても、カセットコンロを複数台用意していました。しかし、このカセットコンロはこのような状況での調理には適さないようです。

『カセットコンロを５、６台用意しておったんですが、そんなのは無意味だったね。これだけ人数が多いなかで、カセットコンロが10台や20台あっても、無意味です。それで、地震があった後、私どもは、こういう普通のコンロにプロパンを入れて、煮炊きできるものを２台買ったのかな。それを準備しました。あんなの（カセットコンロ）は風で飛ぶし、煮炊きするほどはできないし。』（介護職員）

写真３：煮焚きした屋外

写真４：プロパンガス等、2010年現在の備蓄

※被災時に使用したカセットコンロは火力が弱く使用できなかったという課題から、現在はプロパンガスを備蓄している。

この話からは、予めとった対策が不十分であったことを表しています。カセットコンロも屋内で使用していたならば状況は変わっていたかもしれません。しかし、大人数の調理には適していないことは明らかです。

④ ケースメソッド３
―施設の機能維持と緊急避難所としての役割変化

災害時はライフラインの損害によって、介護内容が大きく変化し、通常業務を維持するためにはあらゆる変化に対応していかなくてはなりません。さらに災害時は、こうした変化に加え、避難所としての新たな役割が期待されます。そこで次に、施設の機能維持と緊急避難所としての２つの機能をどのようにして担うことが可能か、施設Ａの取り組みから考えていきましょう。

施設Ａでは、緊急ショートステイを中心に被災直後から緊急避難所的な役割を担っています。このときの状況について、相談員は次のように語っています。

『やっぱり、緊急ショートステイとかの受け入れは、情報がほとんどない方を受け入れていく現実がありました。既往歴もわからないし、ＡＤＬもわからない方を受け入れていく状況です。通常の受け入れでは、事前に情報があって、アセスメントして受け入れるのが基本です。けれども、そんなことはいっていられないので、その場その場で対応していったのが現実なんですよ。』（相談員）

このような利用者の情報がないなかで、緊急ショートステイの受け入れを開始できた背景には、どのような経過があったのでしょうか。次に居宅ケアマネジャー２名の発言から、ショートステイ利用につなげるまでの経緯とそこでの課題について検討しましょう。

『パソコンは地震で壊れていますし。どの街でどの人がどうなってるという情報は、何もかも不確かです。情報が何もわからないまま、「ああ、あそこのおうちが大変だろう」「夫婦二人で暮らしてるあの家は？」「老々世帯で住んでいて大変な家があるらしい」と職員同士の会話から、とにかく様子を確認しに行くことをしました。その途中で家が傾いている状況を知ってひとまず施設に連れて来たっていう方もいらっしゃいました。』（ケアマネジャーＡ）

『私は割と近場に利用者さんが多くいらっしゃるのですぐに様子を見にうかがいました。一人とか、老々介護とか、あと、家族さんがその時間帯にいるかどうか。これらは、ケアマネであれば、ある程度は把握していますので、そこに駆けつけて、確認というような感じでした。ただ、様子を見に行くためには、徒歩または自転車でないとだめでした。車はだめですね。どんな災害のときでも。地震であれば、もう車は役に立たないと思ってください。ですので、私たち（ケアマネジャー）ができることは安否確認だけですので、あとで支援の必要（施設入所）があれば、車で行けるところまで行って対応というかたちになりました。利用者さんをお連れするのは、取りあえず、自転車で回っていますので、道路状況はそれで把握がたいていはできますので、どこのルートを通れば、どこまで行けるとかいうのは、わかるというか。』（ケアマネジャーB）

このように施設Aでは、ケアマネジャーの「気づき」ともいえる判断の積み重ねと即座の実行力によって、緊急ショートステイ利用の流れを生み出していたのです。こうした状況下、緊急ショートステイ利用者は続々と増えはじめます。しかし、緊急ショートステイの受け入れには限界があることも事実です。当時の受け入れ状況とその課題について、相談員は次のように語っています。

『たとえば、医療的処置が必要な方。ひとつ例をあげると、気管切開をされている方で吸引が必要な方。それはあとでわかったんですけど、受け入れるのが前提でもって訪問して、連れて来たら、気管切開で穴が開いていたと。でも結局、それはもう、来ちゃったんで、受け入れたんですけど、それが事前にわかっていれば、おそらく受け入れなかったとは思うんですけど。』（相談員）

緊急的な対応とはいえ、通常業務である入所者の対応に加えた避難所的な機能は、対応できる範囲に制限があります。それは、利用者の身体状況、特に医療的な対応の必要度によって大きく制限が加わったようです。いずれにせよ、対応できる職員の数、生活（介護を含む）に必要な物品等、受け入れ可能な範囲は予め想定すべき課題であることは明らかです。

5 ケースメソッド4

—被災時のネットワーク

施設が被災し、ライフラインが断絶すると通常の介護サービスの提供が困難になることはこれまで述べてきたとおりです。加えて新たに避難所としての役割をも担うことになると、通常時以上のスタッフを必要とします。しかしながら職員自身も自宅が被災し、勤務が難しい場合にあったり、自宅から施設までの交通網が寸断され、駆けつけることが困難な場合もあります。一方、必要な物資を買い求めようとしても充分に調達できず、また、救援物資に頼ることも不十分な事態に追い込まれます。そこで期待されるのが、日ごろから培ったネットワークによる救援です。

特別養護老人ホームの場合、どんなネットワークが存在し、どういった人々が援助に駆けつけ、どのような支援をしたのでしょうか？　また、今、形成されているネットワークにおいて、災害が起こった際にどのような課題があるのでしょうか？

1 ―― 救援に駆けつけたネットワーク

施設Ａの場合、どんなネットワークからの救援があったのでしょう。施設長は次のように話しています。

『個人的に私が知っているところの職員さんが支援をしていただいた部分と、県の施設協議会というおおもとですが、加入しているところの社団法人が中心になって支援に入るもの。それからもう１つ、全国ネットで、関西を中心に活動している「21老福連」という組織があるんです。これは北海道から九州まで加入している任意団体なんですけど、県内で加入しているのは３つの施設で、ここ（施設Ａ）が大変だということで、新潟の施設が来て、情報を事務局に流して、支援をいただいたりしていました。そのほかに、知り合いの何人かの職員が入って、手伝いに来てくれたこともありました。県内の施設に勤めている職員が電話をくれて、何が足りないとか。』（施設長）

施設長の話からは、組織的なネットワークと、これまでの仕事のなかで個別的に築いてきた人脈ともいえる個人を結ぶネットワークの２つからの応援によって支えられたことがわかります。組織的なネットワークからの応援では、施設長の発言にみられるように、同業者、つまりは高齢者福祉関係施設からなるネットワークに加え、実は別の業種のネットワークも機能し、応援に入っています。施設長の次の話はこれを裏づけるものです。

2 ── 医療系ネットワークからの応援

『一番心配なのは、健康管理と、それから薬ですよね。当然、看護師が1人とか2人で、30人、40人をチェックしていくっていうのはできない、それがありましたね。（柏崎市の）対策本部のほうから、こういう施設に避難している人が非常に多いっていうことをふまえて、DMAT※が入って来てくれたと。そのとき看護師の方が、これから絶対に看護師が足りないだろうと、看護師の協力を要請したほうがよいとのアドバイスをいただいて、県の看護協会を通して、看護師の派遣をしていただくことになりました。』（施設長）

※ DMATとは「災害急性期に活動できる機動性をもったトレーニングを受けた医療チーム」と定義されており災害派遣医療チーム“Disaster Medical Assistance Team”の頭文字をとって略してDMAT（ディーマット）と呼ばれています。

資料：平成13年度厚生科学特別研究「日本における災害時派遣医療チーム（DMAT）の標準化に関する研究」報告書より

一般に高齢者施設は、看護協会と日ごろのネットワーク、つながりがあるわけではありません。よって、震災時にたまたま看護師派遣のアドバイスを受けて看護協会から看護師を派遣されたことは、施設として大きな安心につながったといえます。しかし、福祉施設にとって、日ごろあまりつながりのない看護師をはじめとする医療系のスタッフの応援を得ることは容易ではないようです。

確かに被災時は、多くのところで医療系の応援の必要度が高まっており、高齢者・障害者を主とする介護施設も同様です。それゆえに、看護師等のスタッフをどう確保するか、これは災害時の大きな課題であるといえます。ここにおいて、施設Aでは幸運に恵まれました。施設長は言葉を続けます。

『NGOでは、AMDA（アムダ：Association of Medical Doctors of Asia）さんが入ったんですよ。世界の支援ということでやっていらっしゃるところが、そのときにはじめて支援に入ってきました。』（施設長）

これまでの発言から、福祉面での支援だけではなく、医療面での人材不足を感じていたことが伝わってきます。それゆえに、医療職が応援に駆けつけてくれたことの安心感がうかがえますが、その確保は容易ではなく、施設Aの場合を見ても偶然の結果であり、今後の課題でもあるといえます。

3 ―― 個人が築いたネットワークも有用

フォーマルで組織的なネットワークの存在は比較的容易に理解できますが、個人の結びつきからなるインフォーマルなネットワークは、どのようなことをきっかけにして築かれ継続しているのでしょう。また被災時、どのように機能したのでしょう。

> 『そういう部分は、元を正せば、老人施設の協議会のなかで生まれてくる部会とか、個人的なネットワークとかがありますし、今まで勤務していた関係とかで動いてくれるとか、いろいろなネットワークですね。』（施設長）

個人的なネットワーク、それは施設長が築いたものや、個々の職員の老人福祉施設協議会の通常の活動をきっかけにしたものであったり、施設の職員ＯＢ・ＯＧなどであることがわかります。施設長個人によるネットワークのひとつは、被災直後に機動しました。

> 『震災が起きて、一番最初にやったのは、市内で事業所を持っている知り合いの管理者に電話して、手伝いに来てほしいってお願いしたことです。前から何かあったら手伝うとか、協力しなきゃならないなっていう話をしていたので、そういえばと思って電話したんです。「やってない（地震のために休業）」って言ったから、うちに手伝いに来てって言ったら、２人ずつ、最初の２日間手伝いに来てくれました。本当にありがたいなと思いました。当時、新潟県内の学校の教師をやっていた人も、地震があってから、ひょっこり顔を出してくれたときに、学生は夏休みだろうからちょっと来てくれないかなというふうに頼んで、学校に話をしてもらったら、来てくださいました。』（施設長）

福祉施設の責任者は、普段から人脈をいかにつくっていくか、地域のなかで存在感をもって、つき合っていくかが問われているともいえます。そこで築いた人脈はひとつの有用なネットワークであり、被災時や非常時、大きな力ともなることがこの話からよく伝わってきます。しかし、この人脈は施設長のみでつくり上げたものばかりが機能したわけではありません。次の話は、職員個々に築き上げるネットワークの重要性をも物語るものです。

> 『私だけじゃなくて、職員全体のなかで、そういうふうなもの（個人的なネットワーク）をもっているのは強いですね。たとえば、職員の仲間も、

退職して辞めていった職員も何人か来ていますし。そうやって、顔を出してくれるのは気に留めていることかなっていうのでありがたかった。それは、職員一人ひとりがいろいろな部分で関わりをもっているマンパワーがあるからだと思いますね。自分は管理者ですから、当然いろいろな組織との連携を取って、いろいろな要請をしていますし、そういうネットワーク、つながりは大事にしなければいけないでしょうけど、最終的には、そこにいる職員同士の関係とかも出てきます。』(施設長)

このネットワークは、自然発生的なものではなく、個々の職員の能動的な意思によって築かれ、ゆるやかではあるものの、続いているものであるといえます。また施設のＯＢ・ＯＧの場合は、退職しても、施設とのつながりを維持させる何らかの働きかけが施設に求められているようでもあります。

では、フォーマルな組織間でつくるネットワークと、個人が築くインフォーマルなネットワークの救援には、特徴的なものはあるのでしょうか？

4 ── フォーマルなネットワークの強み

『県老施協のほうが、団体やグループで何人か投入できるという調整は強いですね。個人だと、お願いしても、所属の施設との関係がありますので、なかなか難しいっていうのはあります。「俺、行ってきますわ」って、簡単にいうわけにいかないですから。老施協としては、どこが施設支援に出せるか出せないか、何人ぐらい出せるか、期間はどのくらい出せるかを、全部県内の施設に出して、その情報をもらって、それを全部振り分ける。それを事務局で全部やっていただいたので、非常に大きいですね。』(施設長)

新潟県老人福祉施設協議会（県老施協）は、県内の老人福祉施設の団体であり、中越沖地震では組織をあげて救援に入ったことがわかります。また単に人を送るだけではなく、事務局が現場のニーズをふまえ、必要人数を加盟施設に要請し、派遣する人数や期間を調整しています。こうした動きは、地震発生からどのくらいの時間を経た時点で発動され、いつまで続けられたのでしょう。

『老施協は７月19日（震災の２日後）から一応、私らのほうで当面お願いしたのは８月10日までだったんですが、最終的には８月31日までお願いしました。看護協会は８月５日までです。通常のモードに戻ったので、それ以上はお願いする必要がないかなと思いました。21老福連さんは全国区なので、（施設Ａ）に支援に行かなければならないと、全国的な展開のなかで支援を募って調整をし、７月の終わりから８月いっぱいにかけて支援に来てもらいました。これは遠くは九州福岡から、東北は山形、それから東京、大阪、京都、いろいろなところから来ていまして、その方たちもここに大体２泊３日とか泊まりながら支援してもらっています。』（施設長）

5 ―― 応援者に依頼したこと

各ネットワークを通じて人が救援に駆けつけて来ることは心強いことです。しかし、実際にお願いできる仕事は限られてきます。それをコーディネートすることも、かなりの苦労であるとの声も聞かれます。施設Aの場合はどうだったのでしょう。実際、どんな業務や作業をお願いしたのでしょうか？　以下は、相談員と施設長の話です。

『現場としては、ボランティアさんがすぐ来てくれて、毎日10名以上、いろいろな施設の方が来ていただいたんで、それは非常に助かりましたね。その介護の方に入っていただいて、利用者さんとお話しするのも上手なんですよね。すぐ距離を縮められるというか。それでボランティアさんに、たとえばおむつ交換をお願いしたりとか、入浴介助をお願いしたのではなくて、お年寄りと話をしていただいたのがほとんどだったんですけど、それが非常によかったですね。職員も、おむつ交換ですとか、食事の準備だったりでストレスがたまっていたと思うんですよ。厳しい勤務になって、いつもやっている仕事とちょっと内容が変わっていたりとか。そのストレスがたまっているなかで、いつもと同じように利用者さんと話ができないんですね、職員が。そのところをボランティアさんが入ってきて、利用者さんとコミュニケーションの部分でかわってくれたので、そこのところは非常に助かりましたね。ボランティアさんがいなかったら、おむつ交換とか、リネン交換ですとか、身体介助的なところは職員でもできたでしょうけど、一緒にお茶を飲んだりとか、お話をしたりとかっていうケアは、あのときの職員だとちょっと厳しいかと思いますね。メンタル的なところは二の次になっちゃいますので、そこにボランティアの方に入ってもらったのが、すごくよかったですね。』（相談員）

『（学生には）大きくは、利用者さんが精神面ですごく困っているので、話を聴くのがメインですね。男性の学生さんは、力仕事ができるので、大きなものを片づけてもらったり。それをお願いしました。

被災された方のメンタル面では、話を聴くだけでいいんですよ。それが仕事です。物品もないし、何もきちんとしたことができないんで、本当に聴いてあげることをしたりとか。いろいろなところの職員が来られましたけど、来るときに、「僕は事務なんだけど、行けって言われたので来ましたけど、事務をしていて（介護）わからないので」って言って、「歌ができるから」って、ギターを１本持ってきましたけどね。そこでみんなで歌を歌ったりとか。「しようがないから、ゲームを持ってきました」って、何かゲームを持ってきて、じゃあみんなとやろうかみたいなこと。そういうのをやってくれる。福祉の施設にいる職員で、介護だけじゃなくて、聴いたりとか、歌を歌ったりとか、いろいろなことができる人がいました。逆にそういう部分でも助かるんですよ。

介護をやっている職員だと、「この人、ちょっとひげが伸びているから、洗面器とタオルとか、何かないですか」とか言って、そこできれいにしてあげるとか、「何をしましょうか」って言う人もいるんだけど、「こういうものはないですか」とか、それに振り回されたのもあります。』（施設長）

２人の発言からは、応援スタッフには利用者の精神面でのサポートをお願いし、大変助けられたことがわかります。また施設長の言葉からは、日常介護業務に携わっている応援者は、利用者を前にして経験上、具体的なケアを能動的に行っていることがわかります。この場合、利用者の個々の状態を把握することと、利用者に接して実施した事柄、あるいはそのときに気づいたことなどを記録に残すことが必要となります。東日本大震災の被災地では、介護福祉士会がボランティアに入ったとき、これらの記録が整っていないことに困惑し、独自で記録物をつくり、共有した例が聞かれます。これについてはどう対処したのでしょう。

『うちの職員の補助で来ているので、職員のほうで記録をして、やってもらうのはそっちのほう（具体的な介護）っていうことになると思うんですね。だから直接、大きなものを全部任せてやるってことではなかったと思いますね。その人の情報も説明しなきゃならないこともありますし。』（施設長）

応援に入ったスタッフをコーディネートすることと、業務の補助をお願いする場合の最低限の利用者情報の照会、補助業務実施後の結果報告の共有方法等は未確立であり、今後の課題といえます。

★考えてみよう
問１　介護施設としては、救援としてどんなネットワークに期待できるでしょうか？
問２　人的な援助に入ってくださった人々へどんな業務のサポートをお願いできるでしょうか？
問３　援助に入ってきてくださった人々に利用者の状況や障害の特性等を速やかに理解していただくために、日ごろから備えておくことにはどんなことがあるでしょうか？

６――災害対応者の証言から学ぶ実践のアドバイス ―きっかけは中越地震

以上、みてきたように、中越沖地震で大きな被害を受けた施設Ａでは、個人または組織的なネットワークによって急場をしのいできたことがわかります。個人のインフォーマルなネットワークはともかく、フォーマルなネットワーク組織との関係はしっかり確立させておくことが望まれます。中越沖地震では、フォーマルなネットワーク組織である県老施協が速やかに機能しており注目されます。

『やはり基盤になっているのは、中越地震だと思うんですね。中越地震のときに、中越地区の施設が大きな被害を受けた、それで各方面から支援をしなきゃいけないというときに動いたもののひとつに、県老施協が中心になって、支援物資と人とをコントロールしながら、派遣をしていった。その関係で、中越沖地震のとき、特に中越地区の施設関係は、あのときに支援してもらったから、今回は支援に行くぞというのもありましたし。』（施設長）

中越地震は2004（平成16）年10月に発生したものですが、そのときの経験から災害時のネットワークが生まれ、それが３年後に起こった中越沖地震でも威力を発揮したことがわかります。

では、地震をはじめ、災害に見舞われることが少なくない状況で、県老施協として中越沖地震を経たあとに、このネットワークをもう少し強力にしようといった動きはあったのでしょうか。

『災害があったときにどういうふうにしたらいいかというのは、そのあとに検討をさせてもらったのですが、実際それは、今動いていないです。

たとえば関東で起きたときに、そこに各施設が直接入れるわけではないから、どこかに拠点をつくって、１回集めて動かなきゃいけないだろうとか。あるいは、行くのであれば、各施設に１名派遣をお願いするとか、１週間１名派遣を要請するとかいうのも、１つの提案じゃないかなと。それを組み入れていくことで、できるのかなっていうことはありますね。

老施協に加入している、たとえば特養であれば、県内に150施設ぐらいあるんですが、その150の施設から一人ずつ出していただければ150人は集まる。150人を５日間、ないし１週間の期間で派遣すれば、１つの施設としては一人１週間なんだけど、全体を集めると、かなりの量の人が支援に行ける。組織でやるのであれば、そのほうが非常に動きとしてはいいかもしれない。』（施設長）

残念ながら、被災時に救援のためのネットワークをどう機動させていくかについては、具体的な制度として確立していないのが現状のようです。その原因は、制度そのものをつくり上げることにあるのではなく、別のところにあるように推測されます。上記の施設長の発言には、ネットワークをどう機能させていくかの参考となる内容が含まれていて注目されます。

付録：災害過程アセスメントシート

施設名		種別	
記入日		記入者	

1：施設の給水設備とその用途を整理しよう

① 施設の給水システムはどのようなしくみですか？		
② 水はどこに、どの程度備蓄されていますか？		
③ 災害時、備蓄された水はどのように活用しますか？		
食事	排泄	入浴

水の備蓄・管理に関する課題、必要な連携

課題	連携先

2：施設のガス設備とその用途を整理しよう

④ 施設のガス設備はどのようなしくみですか？

⑤ ガスはどこに、どの程度備蓄されていますか？

⑥ 災害時、備蓄されたガスはどのように介護内容に活用しますか？

食事	排泄	入浴

ガスの備蓄・管理に関する課題、必要な連携

課題	連携先

3：施設の電気設備とその用途を整理しよう

⑦ 施設の電気設備はどのようなしくみですか？

⑧ 電気はどこに、どのようなものが、どの程度備蓄されていますか？

⑨ 災害時、備蓄された電気は、どのように介護内容に活用しますか？

食事	排泄	入浴	睡眠

電気の備蓄・管理に関する課題、必要な連携

課題	連携先

4：ライフラインが途絶えた際のトイレ、排泄介護の対策を考えよう

⑩ 現状の排泄介護の状況
トイレ使用者
使用方法・回数等
使用方法・回数等
使用方法・回数等
その他　　名

⑪ 水が流れない場合の対応策
トイレ使用者　　名
使用方法・回数等
ポータブル使用者　　名
使用方法・回数等
ベッド上おむつ交換者　　名
使用方法・回数等
その他　　名

災害時の排泄介護に関する課題、必要な研修計画

課題	研修計画

5：ライフラインが途絶えた際の要介護者等の食事の対策を考えよう

⑫ 現状の備蓄
常食者　　名
柔飯・菜、刻み食者　　名
ミキサー、ペースト食者　　名
その他　　名

⑬ 災害時の対応策
常食者　　名
柔飯・菜、刻み食者　　名
ミキサー、ペースト食者　　名
その他　　名

災害時の食事に関する課題、必要な研修計画

課題	研修計画

6：ライフラインが途絶えた際の入浴介護の対策を考えよう

⑭ 現状の入浴介護の状況
一般浴槽使用者　　名
使用方法・回数等
座浴使用者
使用方法・回数等
寝浴使用者
使用方法・回数等
その他　　名

⑮ ライフラインが途絶えた場合の対応策
一般浴槽使用者　　名
使用方法・回数等
座浴使用者　　名
使用方法・回数等
寝浴使用者　　名
使用方法・回数等
その他　　名

災害時の入浴介護に関する課題、必要な研修計画

課題	研修計画

７：福祉避難所等を設置、開設するために必要な対応を考えよう

⑯ 福祉避難所等として活用できるスペース

⑰ 福祉避難所等を開設するための設備、物品、受け入れ想定人数

受け入れ（可能）想定人数

⑱ 福祉避難所等を機能させるための人員配置

⑲ 福祉避難所等を機能するうえでの連携先

災害時に避難所機能を追加するうえでの課題、必要な研修計画

課題	研修計画

第4章 災害時における派遣支援活動の実際

1 医療･健康面での生活支援と必要な連携

1 ── 避難所における医療・健康面での生活支援

避難所は、災害等により自宅で生活できない被災者が一時的に集団で生活する場です。介護福祉士は、避難所において福祉・健康面から生活全般にわたる被災者の生活を守る役割を担います。

2016（平成30）年の熊本地震では、被災の少ない近隣地域の住民から発災後数時間で避難所へ炊き出しが届けられ、自衛隊・災害派遣医療チーム（DMAT[1]）・日本赤十字社の医療救護班・自治体・ライフライン関係の業者・非政府組織（NGO）など被災地外から救援・救護が入り、支援活動が始まりました。このように災害超急性期から避難所の支援活動が始まることもありますが、介護福祉士の派遣は、災害発生後発災数日から1週間（災害急性期）から始まります（県の要請により開始時期は異なる場合があります）。そのため、避難所ではすでに支援活動を行っている多職種スタッフと連携して活動を行う必要があります。被災者の生活・健康を守るためには、行政や外部支援者、医療・保健・福祉のネットワークが不可欠です。

2 ── 避難所での支援活動に関わる人たち

避難所で被災者を支援していくためには、心身両面の健康に対する支援、生活そのものに対する支援など、多種多様な支援を行ううえで関わる職種も多く必要となります（表4－1）。そのため、行政側からの要請によって派遣される支援者だけではなく、支援者側からの申し出による支援者受け入れを行うケースも多くあります。支援を受ける被災者は同じ人なので、被災者

表 4－1　避難所での支援に関わる人たち

職種または担当者	過去の支援事例をふまえた主な役割
介護福祉士	避難所、福祉避難所における生活支援、環境整備、健康相談、保健師へのつなぎ、要配慮者の入浴のための送迎、入浴介助（新潟県中越沖地震）。
県保健師	看護チーム本部運営、村保健師との連絡調整。
県内市町村保健師	災害時保健活動総括、避難所に関わる人々の調整、福祉避難所利用者処遇調整、要配慮者の処遇調整（一般避難所から福祉避難所へ）一般避難所巡回相談、福祉避難所保健活動運営。
厚生労働省派遣保健師	避難所健康相談、直接支援。
ボランティア看護師（看護協会からの派遣、ボランティア団体の派遣）	環境整備、健康相談、保健指導、保健師へのつなぎ。 健康問題への対応、こころのケア、食事摂取量確認、24時間交代もある。
運営責任者 （被災者：自治会長、防災担当者） （県職員等行政職員、外部支援者）	避難所の管理運営、２泊３日等交代で県から派遣。 避難者人数把握報告、避難所内の水補給、ごみ処理、食事の配膳、近隣の在宅避難者への配給手配、救援物資の受け取り、避難所マップ作製等。
市町村職員	福祉避難所運営統括、福祉関係団体との連絡調整。
ヘルパー	全国社会福祉協議会より派遣。２泊３日等で泊り込み、要配慮者の支援を行う。トイレ・散歩時等の見守りなど全般的な日常生活の支援。
医療チーム	日本赤十字社、医師会、民医連、大学医学部等様々な医療班が活動する。地元の医療機関が普及するまでの間の支援が主な役割。特定非営利活動法人災害人道医療支援会（HuMA）は、医療救助活動を行う非政府組織（NGO）で、早期から活動（西日本豪雨災害）。 １か所の避難所に２週間ほど救護所設置、その他の避難所は地元医療機関が通常診療を開始するまで巡回診療を行う。巡回医療班は短時間の滞在のため、避難所に駐在し長時間関わるボランティア看護師が、投薬後の経過観察や専門職への連携を依頼された（新潟県中越沖地震）。
県こころの医療チーム	こころの相談が必要な被災者に対しての相談、支援。
県栄養士	避難所での食事指導、自衛隊・市町村内業者との献立の確認・指導。
社会福祉協議会	ボランティアセンターの運営、ボランティアの派遣調整。
各種ボランティア	大学生のボランティアなど市町村外のボランティアが子どもの遊び相手やおやつの食べ方指導、環境整備、お茶会実施など。
県歯科医師会歯科医師・歯科衛生士	避難所での歯科保健指導・福祉避難所での個別ケア。歯科治療・歯科衛生指導。
理学療法士・作業療法士（協会派遣）	避難所・福祉避難所での個別診断・指導、リハビリテーション、運動支援。
運動指導員	エコノミークラス症候群予防のための運動指導等。
自衛隊	水・食事・風呂の提供。避難所内の健康相談。

が混乱しないように連絡調整をする必要があります。
様々な支援者が入れば入るほど、被災者は混乱し、どの支援団体がどんなかたちで支援しているのかわからなくなります。したがって、被災者が誰にどのように相談すればよいのかわからないといった状況を避けなければなりません。同じような支援が行われることもあるので、それぞれの団体と連絡をとり、避難所に出向いて状況を確認したり、被災者に確認したりしながら、調整をとる必要があります。

3 ── 避難所運営への参加について

1．避難所連絡本部、責任者の確認について

避難所の開設・運営は、原則的には市町村、施設管理者、避難者の三者が協力して行います。大規模災害の場合、行政や施設の担当者は後方支援に協力するかたちで、運営の主体はあくまで避難者自らの助け合いによる自主的な活動になります。

避難所運営は、「避難所運営委員会」が設置されることで自主運営体制が確立されるため、会長･副会長、運営各班の班長、班員などが選出されます。総務班は、避難所運営委員会規約の作成、会議などの開催連絡、各班の調整等を担い、ボランティア班は、避難所でのボランティア支援受付窓口の設置やボランティアの要請等について担当します。

避難所運営に必要な体制は、避難所によって様々な違いがあるため、避難所への到着時には、避難所会長・副会長、ボランティア班といった避難所運営に関わる担当者へのDCATの到着報告に加え、DCATの役割の説明を行うことが大切です。また、その場で、避難所連絡本部および責任者を確認します。

新潟県中越沖地震では、保健師・看護師チームが避難所連絡本部を置きました。関係する連絡や相談は、本部へ行うよう周知された後は連携もスムーズにできるようになりました。

2．他の医療活動メンバーや多職種との連携

❶定期連絡会への参加

避難所関係者、行政担当者、福祉担当者、医療担当者、ボランティア、住民の活動（自治組織等）参加による定期連絡会に参加します。東日本大震災でのある避難所では、県外から派遣された医師がコーディネート役となり、連絡会で各職種へ指示を出したり、病気の人や生活のことについて行政と調

整を行っていたりしました。またここでは保健師・看護師が、避難所で医療が必要な人、要配慮者（家族も一緒）の巡回エリアを決め、手分けして状況把握を行っていました。熊本地震でのある避難所では、保健師がコーディネート役として中心となり、行政との調整も行っていました。そのほか、様々な職種のリーダーが朝のミーティングで集まり、情報共有を行い、役割を確認していました。このように避難所には様々な支援者が入ります。また、災害発生後の時期によって支援者の役割が変化していきます。医療や福祉について相談する人は誰なのか、把握しておきましょう。

❷医療機関や福祉施設への受け入れ・協力体制の確認

被災者は、環境が整えられていない避難所で生活するため、体調が急変する場合があります。周辺の医療機関の受け入れ状況、受診できる診療所等、福祉施設への連絡と協力体制の状況を保健師・看護師と確認しましょう。東日本大震災のある避難所では、日中医師２名が診察部門として毎日定期的に診察するコーナーがあったり、地元の開業医が避難所のそばで診察を再開したりしました。医療が必要な人が受診できる体制を確認しましょう。あわせて、緊急・重症患者の搬送手段と搬送先を医療職と確認しましょう。また、日中・夜間の医療職の活動、不在時間について把握しておきましょう。

❸医療職の配置体制の確認

災害発生後の時間経過、避難所によっても派遣される医療職が異なります。また、夜間についても避難所によって異なります。東日本大震災時のある避難所では、全国から派遣された保健師が避難所内で泊まり、夜間の見守り等を行っていましたが、その後に派遣看護師が夜泊まるようになったため、保健師は昼間だけにシフト変更しました。このように、避難所に支援に集まる職種によって夜間や日中の人員配置体制が異なってきます。夜間には医療職が不在になる可能性もあります。そのため、不在時に被災者の急変があった場合は誰にどのような相談が可能か、どこに連絡したらよいかなど、事前に医療職に相談し確認しておくことが必要です。

3．被災者の全体像の把握：台帳の作成をしましょう

- 避難所生活者の登録：家族構成、世帯、要配慮者の把握
- 避難所生活者の背景：既往歴、家屋の倒壊･損害状況（帰宅可能か不可能か）の確認

すでに先に避難所支援を行っている保健師等の医療職・他の団体等が台帳を作成している場合、新たに介護福祉士が被災者に聞き取りをすることは二

重の負担になります。既存の台帳を参考にし、新たに得た情報をミーティング等で共有しましょう。

4 —— 被災生活を支える生活管理・健康管理、医療連携について

介護福祉士は、被災者の生活に寄り添い、日常生活に必要な支援を行うときに、被災者の健康状態に配慮し、急変等いち早く気づき医療職へ相談・引き継ぐ等のアセスメント力も求められます。そのため、ここでは被災者の健康管理のポイントをあげます。

1．高齢者の健康管理と介護

高齢者は身体機能の低下により様々な疾患にり患しやすくなり、ストレス等による血圧上昇から、脳血管疾患、心疾患（高血圧、動脈硬化等）の危険が高くなります。また、免疫力機能の低下により易感染性で肺炎や気管支炎にかかりやすくなります。さらに一人暮らし（単身者）、寝たきり、認知症があるなど様々な高齢者がいるため、被災後の高齢者に共通する健康管理と日常生活管理を整理し、巡回時に観察することが必要です。

高齢者の健康管理・日頃巡回時に観察するポイント

- 避難時に外傷をうけていませんか
- 常備薬はもっていますか、または不足していませんか
- 避難所での食事・水分量は足りていますか、硬さはどうですか
- 避難生活で元々の病気は悪化していませんか
- 介護者について、家族・支援者はいますか、その人の負担は過重負担になっていませんか
- 安全な居場所が確保されていますか、移動がスムーズに行える場所ですか

高齢者の日常生活管理

- 規則正しい自立した生活ができていますか
- 適度な栄養と運動が得られていますか
- 清潔の保持ができていますか
- 入浴できないことによる皮膚の清潔が保たれていますか、できる範囲で身の回りを清潔にしていますか

孤立によって慢性的な健康障害、精神面の脆弱性がますます悪化します。そのため、介護福祉士は被災者とコミュニケーションを図り、被災者が孤立

無援ではないと気づくことができるように働きかけることが必要です。また、避難所内で高齢者が集まり会話できるサロンを看護師・リハビリ職等多職種と連携し開設する必要があります。

2．障害がある人への介護

❶孤立の防止

援助者を確保し、障害のある人が疎外感を感じることがないように配慮します。特に中途失聴症の人は聞こえないだけで話すことは可能です。外見から判断できないために「理解されない障害者」といわれます。そのため、地域のなかではプライバシーの問題からあえて障害があることを隠している人もいます。また、重度の心身障害や、知的障害の被災者もいることを忘れないようにしましょう。

❷こころの変化に留意

自閉症や重度の心身障害では災害時のこころの変化、精神的ショックは顕著です。そのため早期発見、早期避難が必要です。重度の心身障害は保護が遅れると生命の危機につながる可能性が高いです。呼吸器・消化器障害など、様々な合併症のため日常的な医療的ケアの必要があります。したがって、障害の程度に応じた特別の支援体制、効率的な保護が必要となります。また、地域住民、市町村を含む組織的な対応、障害者、地域住民、市町村、医療機関の連携は必須です。

3．慢性疾患のある人への介護

慢性疾患のある人は、何らかの治療薬を使用しています。薬については糖尿病の内服薬やインシュリン注射セット、高血圧や心臓病の薬、ステロイド薬は継続的に使用することが不可欠で、突然の災害で受診できず中止することで症状の悪化、副作用などの危険が多くなります。薬が不足しているようなら看護師にすぐに相談します。

食事も治療のひとつであり重要です。しかし、避難所ではバランスのとれた食事を提供することが困難です。適切なエネルギー量やたんぱく質の摂取、水分をこまめにとるなど、疾患に適した食事が摂取できるように看護師・栄養士に相談します。

社会資源の活用についてはいつでも相談にのり、適宜情報提供を行います。

❶糖尿病のある人

糖尿病の発症、または増悪の原因として「ストレス」の関与があるといわれています。被災経験のストレス、避難所生活でのストレスがさらに血糖を高くする危険があります。ストレスと中枢神経系、自律神経系が相互に作用し、血液中のカテコールアミンが増加して肝臓でのグルコーゲン分解が促進され､高血糖になりやすいといわれています。食事摂取状況､低血糖症状（吐き気、気分不快等）に注意し、看護師に相談しましょう。

❷腎臓疾患のある人

人工透析療法中の場合、通院していた医療機関が被災にあうことや、自宅損壊等も予想されます。そのため、他の医療機関への受診や透析の間隔が長くなることを想定します。看護師と情報共有し、避難所での水分摂取が不足していないか気をつけます。避難所では、これらの方々に対する低カリウムの食事が用意されていないこともあるので、栄養士・保健師・看護師に相談します。塩分の過剰摂取に留意し、看護師・栄養士に適宜相談します。巡回時に気をつける症状としては、疲れやすい、浮腫がある、悪心・嘔吐、時々意識がぼんやりする、何もしてなくても心臓がドキドキする、体重の増加などの訴えがあれば看護師にすぐに相談しましょう。

❸慢性呼吸器疾患のある人

災害というショックを受けたことで免疫力が低下し、さらに被災後の過労が蓄積され、栄養状態の低下により風邪をひきやすくなることで、呼吸器疾患の悪化につながります。そのため、悪化予防に努めることが必要です。風邪をひかないように、看護師と情報共有を行い、避難所内でのマスク、うがい・手洗いの励行、冬期ならインフルエンザの予防接種の確認をします。

巡回時、食欲低下、疲労、倦怠感、息切れ、胸痛、胸部不快、発熱、咳があるなどの場合は、肺炎や気管支炎を疑い、看護師に報告します。また、息切れ、息苦しさ、頭重感は、酸素不足状態となり心臓に負担がかかるため、留意しましょう。

4．妊娠中や乳幼児およびその家族

通常の生活では支障がない妊婦、または状況が理解できない・判断力に欠ける乳幼児を抱えた母親には、災害というショックと子どもへの思い、避難所という閉鎖的な環境によりストレスが増します。

❶妊娠中の人

いつまで避難所での生活が続くのか、胎児への影響はないかなどの不安が大きく、神経質となり、胎動がなくなったと感じることもあります。介護職は巡回時に話を聴き、いつもと違う状況であれば医療職に報告し、不安の軽減に努めます。また、妊娠中は便秘になりやすいため、栄養のバランス、水分摂取に十分留意します。腹部が張り、体重増加、血圧上昇、浮腫がないかを巡回時に観察し、医療職と情報共有を行います。

❷乳幼児およびその家族

災害のショックや余震の恐怖等により、乳幼児がぐずる、音に敏感になり、夜泣き、暗くすると泣く、睡眠障害、母親と離れると泣く、落ち着きがない、パニック行動、感情失禁などが報告されています。そのため、遊び場の提供、子どもたちの感情の表出ができるよう、おもちゃや絵画を使った遊び、ボランティアによる子どもたちへの支援が行われています。しかし、母親も災害によるストレスで不安が強くなるため、支援が必要です。そこで子どものみの支援ではなく、家族全体を含め、乳児を介護福祉士が抱きあやしながら母親の話を聴き、父親も含めて一緒に被災体験を共有し、それぞれの思いを第三者の前で話すことで、落ち着いたケースもありました。

５．外国人への支援

海外から旅行中に被災した外国人は、日本語が理解できない、または日本の習慣を知らないことも多く、掲示物やニュース等の日本語による情報に不慣れで、情報を把握することが困難です。外国人の場合、特に災害時の混乱もあり、コミュニケーション不足となることが考えられます。通訳を確保して積極的に話しかけ、困りごとを聞くなどして、前向きな姿勢で接するようにしましょう。

６．被災者にみられる特徴的な疾患

❶エコノミー症候群（肺血栓塞栓症）

同じ姿勢でほとんど動かず長時間狭い場所にいることで、下肢の静脈に血栓ができ、身体を動かそうとしたときに血流にのってその血栓が肺に飛び、血管が詰まって呼吸困難やショック状態を引き起こします。発症すると死亡率は30%以上と高いので気をつける必要があります。

そのため、同じ姿勢でいる人や車中泊を行っている人を定期的に巡回し、医療職と連携し予防に努めることが必要です。

エコノミー症候群の予防

- 水分を摂取しましょう。避難所でのトイレの混雑、衛生状況等を嫌がり、トイレに行く回数を減らすために水分摂取を控える人が多くなります。気温等にもよりますが1,000ml程度摂取できているか確認しましょう。
- 身体をよく動かしましょう。同じ姿勢で長時間いることによる血流の滞りが原因のため、避難所で同じ姿勢を取っていないか観察し、身体を動かすよう促します。定期的なラジオ体操等を行うと全身運動になります。

・足の血流をよくするために、ふくらはぎのマッサージや、足首を回すなど動かしましょう。

❷たこつぼ心筋症

心臓の冠動脈に血栓がないのに、左心室の一部の筋肉が動かなくなり、血液を送り出すときに正常な収縮ができなくなり、血液が心室にたまり、急性心筋梗塞と似た痛みや呼吸困難を引き起こすことがあります。心臓の収縮機能が低下するため、心不全を発症することもありますが、多くの場合は時間経過とともに回復し、正常化します。このたこつぼ心筋症は被災によるストレスが要因と考えられています。地震体験による恐怖、余震の恐怖、避難生活の疲労、身体と精神的ストレスが引き金となるため、避難所での生活に対するストレス状況をアセスメントし、心臓病の既往がない人でも、胸部に違和感や痛み等の訴えがあった場合はすぐに看護師に報告しましょう。

5 ── 医療職（特に保健師・看護師）と連携して行う生活管理・健康管理

1．被災者の避難所における生活上の相談

避難所内の生活で困ることなど相談にのり、要配慮者や注意して見守りを継続する人を早期に把握し、医療職に伝えます。

体調不良、体調悪化で避難所での生活が困難な様子の場合、医療職と連携し、消防、医療機関への連絡と搬送を行います。東日本大震災時、不眠が続き精神的に問題がある人や、要介護状態で劣悪な環境でさらに動けなくなるなど、避難所での生活継続が困難な人を、施設に送ったケースがありました。

2．情報提供

近隣の医療機関、福祉施設の情報を把握し、わかりやすく情報の提供をします。相談コーナーを設置します。

Wi-Fi、携帯電話会社の状況にもよりますが、情報収集にはインターネットの活用が便利です。被災を免れ診察している病院や診療所の情報を入手できるので、パソコンは必要で、情報や地図をプリントアウトすることで確実に提供できます。

3．避難所の巡回と生活状況・健康状態の把握

保健師・看護師等の医療職のみでは避難所内全員の状況把握が困難です。そのため、介護職や福祉職が避難所内の巡回で生活状況や健康状態について

情報を収集し、朝のミーティング時に報告し状況共有を行います。東日本大震災時では、避難所内の被災者を医療職と手分けし、眠れているか、受診はしているか、相談したいことはないかについて聞きとりしながら、気になる人がいないか情報を集め、共有するようにしていました。被災者のなかには、避難所生活でいろいろ困っていても自ら訴えてこない人もいるため、巡回時にゆったりとした対応で話を傾聴しましょう。

巡回しながら、被災者のプライバシーは保護されているか、また、女性の安全確保として、夜間暗く一人で女性が歩いて危険な箇所はないかなどチェックしておきましょう。特に女性のシャワー室、女性用トイレ、女性が着替えできる場所の確保をしましょう。環境改善が必要と思われた場合は、ミーティングで情報提供し、改善策を検討しましょう。

４．活動量の低下防止

災害時、身体を動かすことが必要だと頭では理解していても、被災のショックが大きく、運動する気持ちになれない、周囲の目が気になり自分一人で運動することが困難、などの状況が少なくありません。元気そうに見える方でも一週間動かないだけで急に動けなくなったり、活動意欲が低下し、動きたくなくなったりするなど、身体の機能のみでなく、こころや頭の働きも低下します。そのため、下記のような支援が必要です。

- 避難所内では活動量が減るため、朝夕のラジオ体操など、日常のリズムをつけ、狭い場所でも全身を動かせる工夫をしましょう。
- 無理のない範囲でその人に合った好みの軽い運動を毎日続け、激しい運動は特に高齢者は行わないようにしましょう。
- 歩行、手を使う様々な作業、会話、歌うなど運動を広い意味でとらえて、身体を動かすようにすすめましょう。リハビリ職がいれば相談し、一緒に方法を考え実施しましょう。

５．要配慮者への支援

被災直後の避難所では、健常者のみではなく、身体的・精神的障害を抱えた方、知的障害を抱えた方、乳幼児などの要配慮者が、皆一緒の空間で避難生活する場合が多くあります。しかし、避難所は段差があったり、個室がなかったりなど要配慮者の方々にとっては生活しづらい厳しい環境です。そのため、下記のような要配慮者への支援が必要です。

- 高齢者には、トイレに近い場所、移動しやすい場所などを考慮しましょう。転倒予防のために通路の荷物を片付け、歩行専用通路を確保しましょう。

・授乳スペースおよび療養室を確保しましょう。
・消灯・起床時間を避難所運営者や支援団体と決め、規則正しい生活のリズムをつけましょう。
・掃除、換気を定期的に行いましょう。トイレ、洗面所などの掃除・点検の担当を確認しましょう。
・障害があり支援が必要な人には担当者を決め、支援方法を統一しましょう。聴覚障害者にはリーフレット等を用いたり、紙に書いたりしてコミュニケーションをとりながら、困っていることなど把握しましょう。
・身体障害がある人には十分な生活スペースを確保しましょう。
・周囲の人の協力も得られるよう声かけや伝言板を利用しましょう。
・障害があっても避難所内で安全な居場所が確保されているか、移動がスムーズに行えているか、気兼ねして隅の方にいないか、孤立していないかなど全体を見回りましょう。
・乳幼児が泣いたり、知的障害で奇声を発したりすると家族が周囲に気兼ねし、家族全員で車中泊をする場合があるので、避難所の外の巡回をして生活状況を把握しましょう。
・要配慮者には、家族やケアマネジャーと相談し、サービス事業所の被災状況・活動状況を把握し、必要に応じて、避難所内で利用できるサービスを活用しましょう。

6．感染症予防支援

東日本大震災で被災した南三陸町の避難所では、震災当日から廊下やホールに段ボールや毛布を敷き詰め、隣と接するように密集した避難生活が始まっていました。そこでは、館内を土足で人が行き来し、常に埃が舞うような状態にありました。また、トイレは仮設トイレが設置されておらず、建物の一角に穴を掘って用を足したり、断水による影響から手洗いに関する優先順位が低かったり、と感染性胃腸炎やインフルエンザなど様々な感染の危険が常にある状態でした。このような事態に対応するためには、下記のような支援が必要です。

・安全な飲料水は支給されていますか？生活用水は安全ですか？食料は安全ですか？被災者への水・食料の配布を行います。
・特に食事前には手洗い、水が不足している場合は手指消毒をし、マスクの着用など医療職とすすめましょう。
・入り口に泥だらけの靴が無造作に並べられていると、泥が乾燥し泥の中に繁殖していた菌が舞いこみ、要配慮者の体調悪化の要因になります。感染予防に配慮し、靴の整理整頓をし、要配慮者が外出できるよう環境整備をしましょう。

７．健康相談窓口の開設

避難所内は劣悪な環境であり、心身の不調の問題、また災害によるこころの問題もあります。下記のように健康相談窓口を医療職と開設し、被災者の身体とこころの問題に対応することが必要です。

・健康相談やこころのケアを含む気軽に利用できる相談窓口を開設しましょう（医療職、福祉職）。
・医療職と周囲の病院の情報収集をしましょう。
・名簿の作成と管理をしましょう。
・生活再建への支援を行いましょう。

相談内容も時間の経過とともに、ライフラインや食事、生活状況の不安等の相談から、住居、経済面、仕事、仮設住宅、今後のことなど相談内容も変化するので、行政、福祉職との連携が必要になってきます。

6 ── おわりに

災害時には多種多様な職種、団体による支援が展開されます。そして、支援活動が平時に比べかなり速いスピードで変化し、展開されます。そのなかで即時の判断と様々な介護・福祉支援について様々な職種とコーディネートしていく力が必要です。

医療連携を迅速･確実に行うことで、被災者の健康状態の悪化予防ができ、避難所による災害関連死の防止につながるので、医療職が介護福祉士によせる期待は大きいです。そのため、日ごろ行っている高齢者・障害者に対する観察・ケアに加え、被災に伴う健康、生活環境の変化による影響を予測し、巡回時や支援時の声かけや観察を密に行い、いつもと違う変化に早めに気づく観察力と、医療職に迅速に相談・報告することが求められます。

また、一般避難所と福祉避難所での支援の展開は違い、連携する職種も違います。一般避難所では、避難所自体の運営を行っている管理者とも連携を密にとっていく必要があります。福祉避難所では､介護職が中心となるため、そのなかでの多職種との役割分担を明確にしていくことが課題となります。

さらに一般避難所では先に派遣されている他県の介護福祉士との情報交換・連携が求められます。被災地の介護活動の状況を判断し、他県、被災地県へと徐々に引継ぎができるよう、継続性を視野に入れながら、日ごろからの情報交換・連携を密にしていく必要があります。

2 地域生活支援と必要な連携

1 ── 社会福祉協議会による地域生活支援

近年、社会福祉協議会（以下、社協）が、災害時に災害ボランティアセンターの運営や生活福祉資金貸付等の生活支援活動を行うことが定着してきました。阪神淡路大震災時に、全国から多くのボランティアが駆けつけ、被災者への支援活動を行ったことから、この年がボランティア元年といわれています。その後の新潟県中越地震や東日本大震災等、多くの災害において、被災地の社協が、様々な主体と協働しながら地域生活支援、復興に尽力してきました。

社協は、全国の都道府県・市区町村に設置された地域福祉を推進する組織（社会福祉法人）です。社協は、普段から地域に根差して住民の地域生活を支援しており、その延長線として、災害時にも被災者の地域生活支援活動に取り組んでいます。

また、社協は、災害時に支援がより必要となる要配慮者、特に在宅の高齢者や障害者の地域生活支援を日ごろから行っています。さらに、長年の地域支援・地域づくりのなかで、住民組織・自治会長や様々な団体とのネットワークも形成しており、それが災害時にも活きていきます。

災害時に社協は、地域に根差し、様々な主体と協働しながら、長期的なスパンで被災者の地域生活を支援しています。

2 ── 災害ボランティアセンターによる生活復興支援

大規模災害発生時に社協が中核となって設置する「災害ボランティアセンター（災害ボランティア本部）」の活動内容は、簡単にいうと、災害時に「ボランティアに来てほしい人」と「ボランティアしたい人」をつなぐことです。災害により被災した住民が、自分自身や家族の力だけでは復旧が困難な場合に、家の片付け等のニーズをボランティアの力を借りてお手伝いしていきます。また、泥かきや瓦礫撤去だけではなく、話し相手や子どもの遊び相手や交流サロンの開催など、様々なかたちで支援を行っていきます。

災害ボランティアセンターの理念は「被災者主体」「地元主体」「協働」です。まず何よりも「被災者主体」を大切にします。災害支援活動にひとつの正解はありませんが、瞬時に多くの選択を迫られます。その際に「被災者の利益になるのか否か」が判断の基準となっているのです。「泥を見ずに人を見る」ということが教訓としてよくいわれていますが、依頼内容が「泥かき」であっても、それを依頼してきた住民・世帯や地域全体の状況や困りごと全体に目を向けていくことが必要です。そして、支援者が代わりにやってあげるのではなく、本人や地域の力も大切にしていきます。支援者の押しつけにならないように、最大限の注意を払うことが大切です。これらの視点は、あらゆる災害支援活動に共通するといえます。

また、災害ボランティアセンターは様々な主体の「協働」によって、運営されているものです。地元社協、近隣社協、行政、地元のボランティア団体、県外の専門的な団体など、様々な主体がそれぞれの得意分野を活かしながら、連携して被災者支援を行っていきます。さらに、ボランティアによる支援よりも福祉専門職としての支援が必要な場合には、社協内の生活支援部門や、管内の地域包括支援センターへつなぐなど、連携しながら被災者の生活を支えていくこととなります。

ケーススタディ①　リピーターのおじいさん

被災者の声に耳を傾け「Ｂさんへの関わりで大切にすべきポイントは何か？」「今後、Ｂさんを支えるために必要なことは何か？」を考えてみましょう。

要　旨	何度も災害ボランティアセンターに片付けに来てほしいと申し出るおじいさん。家は片付いているように見えますが、真のニーズは何なのでしょうか？
内　容	広域水害を受けて、活動していたＡ市災害ボランティアセンターに、何度も屋内清掃の依頼をしてくるＢさん（男性、80代、独居）。 初災直後、Ｂさんから災害ボランティアセンターに、「家に泥が入ってしまったので、掃除を手伝ってほしい」との依頼がありました。センターから送り出されたボランティアさんの尽力により数日かけて、家の中はきれいになりました。しかしながら、後日、Ｂさんからは、何度も「掃除してほしい」という依頼がたびたび入ります。センターのスタッフが活動を行ったボランティアさんから報告を聞くと、「もう行かなくてもいいんじゃないかな」という意見と「あの人のところにはいってあげたほうがいいのではないか」という意

	見、双方がありました。 　センターのスタッフは、今後どのように対応すべきか、頭を悩ませることとなりました。
演習(例)	Q１．Bさんへの関わりで大切にすべきポイントは？ Q２．今後、Bさんを支えるために必要なことは？
ポイント(教訓)	ここで重要となるポイントは、Bさんの真のニーズをきちんと把握することです。災害ボランティアセンターの目的は「家屋の清掃」でしょうか？ 　災害ボランティアセンターを「運営」する視点からは、まだ支援に入ることができていないニーズが大量にたまっている状態であれば、次々に「終了」として処理していきたい気持ちになってしまいます。 　真のニーズは、家屋をきれいにしてほしいことでしょうか？孤独感から、誰かに寄り添ってほしいのでしょうか？それとも、何かしらの「心配事」を抱えているのでしょうか？専門職がBさんと向き合い、デマンド（要求）だけではなく、ニーズ（必要なこと）を把握する必要があります。 　ケースによっては、「ボランティアセンター」ではなく、社会福祉協議会の生活支援担当部署につなぎ、継続的な支援が必要になります。こういったケースがあるからこそ、社会福祉協議会が災害ボランティアセンターを担う意義があるともいえます。 　また、必要に応じて、保健師や法律の専門家などへつなぎ、他分野の専門家から適切な支援を受けられるようにしていくことも必要です。

3 ── 崩壊したコミュニティの再構築支援、住民の主体性の尊重

大規模な災害後、家を失った人の住処は、避難所➡仮設住宅➡復興住宅（災害公営住宅）と移り変わっていきますが、そのたびにコミュニティを再構築する必要があります。被災後に、元々の地域コミュニティをまとめて引っ越すことは現実的に難しいため、引っ越しのたびにコミュニティが変化する実態にあります。これにより地域のつながりや支えあいの力が弱まっていくことが課題です。

そして、避難所から仮設住宅や復興住宅へ移行すると、プライバシーが保

護される一方で、孤立のリスクが高まります。特に復興住宅は鉄筋コンクリート（公営団地のようなイメージ）であることが多いため、よくも悪くも隣室の生活音がわかりません。そのため、復興住宅内での孤立は多くなり、最悪の場合には孤独死ということも少なからず発生します。

また、避難所、仮設住宅、復興住宅にいる人だけが被災者ではありません。在宅で避難生活を続ける人もまた被災者であること、在宅であっても孤立のリスクやニーズを抱えている可能性を忘れず、在宅避難者間へのコミュニティ支援（見守り体制づくり等）も必要になります。

これらのことから、コミュニティ再構築に向けた地域支援が必要になってきます。住民同士のつながりをつくるためのサロンの開催や住民の組織化など、様々なかたちがあります。しかしながら、サロン開催も支援者が「やってあげる」のではなく、住民主体の視点が重要となります。住民に出席してもらうだけではなく、企画・主催側に住民を巻き込み、主体性を尊重していくことが大切です。

ケーススタディ②　「もらい慣れ」してしまった地域住民

民生委員・児童委員の発言を受けて、支援者として、どのような視点が大切になるのか、考えてみましょう。

要　旨	震災から３年度、民生委員から「みんな、もらい慣れしてしまった」との言葉。主体性を損なわない地域支援とは？
内　容	大地震と津波で被災したＣ町。発災直後、家も何もかもなくしてしまった住民たちには、行政や社会福祉協議会、様々な支援者から、多くの支援物資や義援金が寄せられ、配布されました。配布窓口には、まるで戦後のように長蛇の列ができ、住民が受け取っていました。また、地元では仕事が限られてしまい、家に閉じこもりがちな人も増えてしまっていました。 発災から３年後、地元社協が、発災から復興に尽力してきた民生委員・児童委員さんたちから、今後の復興について意見をうかがう会議を開催しました。 そこで民生委員・児童委員さんから出た言葉は「みんな、もらい慣れしてしまった」「働いて自分でお金を稼いで物を買うより、くれるのを待ってしまうようになってしまった」といった大きな悩みでした。
演習(例)	Q．あなたは、支援者として、仮設住宅への支援を任されました。どのような視点が大切になりますか？

ポイント（教訓）	発災後、C町の行政や社協は、懸命に被災者支援にあたってきました。決して間違いがあったということではありません。また、支援物資や義援金を配布することは必要不可欠なことであり、それなくしては命をつなぐことができません。 ここで重要となるポイントは被災者支援のなかで住民の主体性、働く意欲をそがないためには、さらに何が必要だったのでしょうか？ 「支援」とは何なのでしょうか？ これらを考え続け、このような状況になることを予見しておくことです。復興後の住民の「自立」を見据えた支援の仕掛けを行っていくことが重要です。 前述のように、サロン等のイベント開催にあたっても、できる限り住民に主催側にたってもらうことなど、主体性の尊重を絶えず心がけていく必要があります。

4 ── アウトリーチ、ニーズ把握の視点

災害時の地域生活支援においては、相談窓口を設置し、被災者のニーズを受け付けていく仕組みが必須です。しかし一方では、設置に終わらず、支援者が外に出向いてニーズを拾っていく「アウトリーチ」の視点もまた重要です。

たとえば、社協が行う生活福祉資金の貸付においても、窓口で相談員が待っているだけでは、相談者が少ないケースもあります。そのようなときには、被災者が多く生活している避難所や地域に赴き、チラシを配布する等、支援者が積極的に外に出向いていくことが必要です。

また、社協は被災の半年後頃から、「生活支援相談員」を配置し、地域生活を支援していきますが、そこでもアウトリーチの視点が重要です。生活支援相談員は、仮設住宅や復興住宅への戸別訪問や集会所を活用したコミュニティづくりなどで、中長期的に住民の支援を行っていきます。

そして前項でも述べたように「被災者＝住居を失った人」「被災者＝避難所に来た人」ではありません。家が残って在宅避難をしている人にも、支援の必要があります。むしろ、こうした在宅避難者は、家を失った人に遠慮して助けを求めてこないこともあります。そのため、戸別訪問・アウトリーチも大切な視点となっていきます。

さらに、被災者のニーズに応えるためには、福祉専門職にも法的な知識が求められます。災害時の法的な補助制度は、申請しないと利用できないものが多くあります。福祉専門職も「罹災証明書」「被災者生活再建支援法」といっ

た制度や仕組みを「知っておくこと」が重要です。被災者にその存在を知らせ、詳細については法律団体等の専門家につなげばいいのです。

一方で、気をつけるべき点は「支援者間での情報共有」です。過去の災害時の反省例として、仮設住宅等に、社協等の福祉団体、行政、法律系団体がバラバラに戸別訪問してしまい、住民が「昨日も、同じような人に同じようなことを聞かれた！」といわれてしまったことがあります。このようなことが起きないように、住民の生活支援に関わるあらゆる主体が、連携し、情報共有を行っていくことが重要です。このことは、災害が起きてからでは難しいため、平時から連携を取っておくこと、支援者同士が顔の見える関係をつくっておくことが大切となります。

取組例「遠慮がちな在宅避難者向けにラーメン屋台」

大地震での被災を受けて活動しているＤ町災害ボランティアセンターに、近隣市町からラーメン屋台を出してくれるボランティアの申し出がありました。

ボランティアセンターは、避難所や仮設住宅で出店するのではなく、比較的、被害が少なく家屋が残り、そのほとんどが在宅避難者という地区でラーメン屋台を出店することにしました。在宅避難者は、家屋が残っているから被災していないわけではありません。また、家をなくした人たちに遠慮して、支援の申し出に手を出さないこともあります。

だからこそ、センタースタッフは被害が比較的軽度な地域で出店し、楽しんでもらうこととしました。もちろん、住民にラーメンを食べていただくことだけではなく、集った住民と世間話をし、生活上のニーズ把握をしていくことも、目的のひとつです。

3　外部支援者として留意すべき視点

1 ―― 様々な主体による災害時の外部支援活動

大規模災害時の被災者への地域生活支援において中核となるのは地元の支援者ですが、災害時には緊急的かつ爆発的にニーズ件数が発生するため、外部支援者の力を借りることは必須です。近年、大規模災害時には、福祉系だけでも多くの主体が組織的に外部支援者の派遣支援を行うようになってきました。

社協は、全国・都道府県・市区町村に設置されているスケールメリットを活かし、災害時の相互支援協定を締結しています。東日本大震災では全国規模で継続的に延べ３万685人（2011［平成23］年８月時点）の職員を派遣し、被災地の災害ボランティアセンターの運営支援を行いました[2)]。

その他、東日本大震災時、全国の様々な福祉系団体が、それぞれ組織的な支援活動を行っています。日本社会福祉士は、宮城県・岩手県の９つの地域包括支援センターと岩手県庁に、延べ927人（2012［平成24］年３月時点）を派遣しました[3)]。主な活動内容は、地域包括支援センターの機能回復への支援、総合相談の受け止め、アウトリーチによる実態把握（避難所の開設時期）、二次的安否確認、コミュニティの立ち上げ支援（仮設住宅への移行期）、地域ネットワークの再構築でした。日本医療社会福祉協会は宮城県石巻市の福祉避難所「遊楽館」での支援活動を中心に延べ1,165名（2012［平成24］年３月時点）を派遣しています[4)]。日本精神保健福祉士協会は福島県いわき市と宮城県石巻市での心のケアチームの現地コーディネーターや要員を派遣し、福島県南相馬市と宮城県東松島市に自治体の精神保健福祉活動の補完要員として延べ125人（2013［平成25］年３月時点）が支援活動にあたりました[5)]。日本介護福祉士会は宮城県・岩手県内の避難所等約20か所における見守り等支援などに延べ約780名（2011［平成23］年８月時点）を派遣しています[6)]。その他、日本介護支援専門員協会や各種別協議会といった他の様々な福祉系団体が組織的な支援活動を行っています。

また近年、各都道府県で「災害派遣福祉チーム（DCATもしくはDWAT)」を設置する動きが広まりつつあり、2016（平成28）年の岩手県での水害や2018（平成30）年の西日本豪雨などでも、現地入りし避難所等で支援活動を行いました（詳しくは本章４節参照）。

そして、医療系の職能団体はもちろん、弁護士会・司法書士会といった法律系の職能団体や、建築士会など多領域の専門職が被災地支援を行っています。これらの各主体が効果的に支援活動を展開するために、今後は平時から顔の見える関係づくりを図っていく必要があります。

2 ── 外部支援者としての被災地に赴く際の心構え

1．基本的な視点「被災者主体」「地元主体」「継続性」

外部支援者が、災害時に真に有意義な支援を行うためには、「被災者主体」「地元主体」「継続性」といった原則を、外部支援者自身が確実に意識し共有

表４－２　災害ボランティアセンターの運営支援者に求められること

①	運営支援の基点、基本（活動は常に被災者のニーズを起点に取り組む）
②	地元スタッフを支えつつ、総合力を発揮できるように
③	被災地内外の様々な人や組織とのネットワーキング
④	現状への対処と並行した中長期的な視点が重要
⑤	地元のサイズ（力量）や状況に合わせて
⑥	チームプレイを意識する

出典：全国社会福祉協議会「災害ボランティアセンターの支援体制の強化に向けて」

する必要があります。逆にいえば、外部支援者が地元スタッフにとってむしろ迷惑・負担ということにもなりえるということです。そのような最悪の事態にならないよう、外部支援者として被災地支援に入る場合には、肝に銘じておくことが大切です。

川上（2013）は、外部から支援に入るソーシャルワーカーについて、「被災地の土地勘がなく、社会資源などの情報を把握していないなど、一定の役割を遂行できるまでに時間を必要とする。」[7]と指摘しており、ここからも「地元主体」の意義を確認できます。外部支援者は自らの力を過信せず、地元主体の視点を絶えず意識していくことが大切になります。

また、日本社会福祉士会は、東日本大震災支援の方針として、「ソーシャルワークを発揮する支援であること」「被災地が主体となる支援であること」「終了を見据えた継続的な支援であること」を掲げました。ならびに、全国社会福祉協議会は、災害ボランティアセンター運営支援者としてのスタンスを表４－２のとおり整理しています。双方ともその理念には「被災者主体」「地元主体」「継続性」といった共通項がみられます。

２．地元主体を忘れない、提案を押し付けない

外部支援に赴く際には、たとえ経験豊富であっても、押し付けにならないように、せっかくの支援が逆に迷惑にならないように意識することが大切です。

まず、福祉分野、特に公式な外部支援においては、応援要請があってから支援に入ることが大前提です。相手が支援を求めているのか自体が大切であり、押しかけて支援に入ることは望ましくありません。

また、過去の災害時には、外部支援者からの「提案地獄」が多数発生し、教訓とされています。かわるがわるやってくる外部支援者から、そのたびに提案をされ続けては、地元スタッフは疲弊してしまいます。地元スタッフの心労、負担を考え、信頼関係を構築しながら、被災者のみならず地元スタッ

フへの支援を行っていく視点が必要です。

外部支援者は被災地に赴く際、どうしても「役に立ちたい」という感情が高ぶりすぎてしまうことがあります。しかしながら、５日間程度の短期間で担えることは限られていますし、恒久的に地元を支えていくのは、地元の支援者です。熱くなりすぎず、冷静に地元を支援していくことが大切です。

その地域のことを一番知っているのは、地元のスタッフです。どれだけ経験豊富な外部支援者であっても、その地域の特性や歴史は知りませんし、地名も方言もわかりません。また、長期的に支援を行っていけるのも地元スタッフです。だからこそ「地元主体」が大切になります。

３．時期に応じて被災地から求められる支援に取り組む

派遣クール（時期）によっては、外部支援者の「期待」とは異なる事務作業や、苦手な分野を任せられることもあるかもしれません。実際に、静岡県社会福祉士会が、東日本大震災の被災地に派遣した会員に具体的な活動内容について調査を行ったところ、55％が入力作業等の「事務的」な支援を行ったことも明らかになっています。

そんなとき、「せっかく来たから自分なりの足跡を残したい」というような外部支援者主体で活動するのではなく、「地元主体」のもと、そのときに地元が欲している支援を行っていくこと、また「被災者主体」のもと、何が被災者の利益になるのかという視点に立ち返ることが求められます。

４．初めての外部支援でも、できる限りのことを行う

初めての外部支援など、自身のスキルに自信がない場合の留意点としては、「外部支援は、研修や視察ではない」ということを肝に銘じておくことが必要です。「勉強させていただきます」「何をすればいいのか、わからない」といったことは禁句です。たとえ力不足であっても、現在の自分の力でできることを考え、他の外部支援者に相談しながら進めていくことが大切です。

５．組織的に外部支援を行う

組織的に外部支援を行っていく際には、きちんと派遣体制を整え、引き継ぎを密に行っていく必要があります。社協の派遣活動においても、引継ぎ時には、必ず１日以上引継ぎ者同士がともに行動し、正確に引き継げるようにしています。

また、多数の外部支援者が混在している場合は、外部支援者のコーディネートの必要があります。この役割はできる限り地元には担わせず、外部支援者が担うようにしていきましょう。外部支援者のコーディネートを地元スタッフに担わせてしまい時間を奪ってしまっては、外部支援の意味がなくなってしまいます。

６．まず、自分と自分の家族を守る

最後に、被災地を支援していくための必須条件があります。それは、自らが住む町が「被災地」になりうることを意識し続け、発災時に自分自身、そして自分の家族が生き残れるように準備をしておくということです。

まず、外部支援者として被災地に赴く際にも、自分自身の心身の健康に留意することが大切です。被災地で体調を崩してしまっては元も子もありません。また、被災地での活動は、どうしても興奮状態になってしまうため、帰着し日常に戻った後のバーンアウトにも気をつけなくてはなりません。

そして、自分が１週間留守にすることでのリスクを周囲にしっかりと伝えておくことも重要です。あなたが１週間不在になったとき、自分の業務はもちろん、家族は大丈夫でしょうか？　介護が必要な両親、まだ手のかかる小さな子どもを他の家族に任せてまで、「あなた」が被災地に行くことが必要なのでしょうか？

ボランティアも外部支援も「できる人ができる時に」行えばいいのです。任せられる人がいれば、任せるという視点も大切な判断です。そのためには、任せられる人を育てることも大切です。それが、あなたの職場、団体、地域の防災力の向上にもつながります。

４　西日本豪雨災害における派遣支援活動の実際

１ ―― はじめに

2018（平成 30）年 7 月の西日本豪雨災害において、岡山県倉敷市真備町を流れる小田川の堤防が決壊し、甚大な被害が発生したことを受けて、被災県の岡山県災害派遣福祉チーム（以下、岡山 DWAT [8]）が派遣支援活動を行いました。また、岡山 DWAT の活動をサポートするために、青森県、岩手県、群馬県、静岡県、京都府の各災害派遣福祉チームも、岡山県から派遣要請を受けて岡山 DWAT と一緒に派遣支援活動を行いました。

静岡県災害派遣福祉チーム（以下、静岡 DCAT[9)]）は、平成 30 年 7 月 23 日から 8 月 6 日までの計 15 日間（移動日を含む）の派遣支援活動を行いました。本節では、静岡 DCAT の紹介と倉敷市真備町での派遣支援活動について報告します。

2 ── 静岡県災害派遣福祉チーム（静岡DCAT）について

静岡 DCAT の活動は、静岡県内の福祉関係 15 団体で組織された「静岡県災害福祉広域支援ネットワーク」の支援活動のひとつとして位置付けられています。

静岡 DCAT は、1 チーム 5 名程度で編成された福祉の専門職チームです。静岡県内外で災害救助法が適用される程度の災害が発生し、福祉人材の派遣や受け入れが必要とされた場合、被災市町（県外派遣の場合は被災県）から静岡県に対し派遣要請があると、静岡 DCAT 事務局が被災市町が指定する避難所や福祉避難所へ派遣します。災害発生後 5 日目以降から 1 か月程度を活動期間の目安とし、医療保健関係者等の支援者と連携して、避難者の体調維持や生活環境の改善に努めます。いわゆる二次被害の防止として、要配慮者の状態悪化の防止や、災害関連死を防ぐことを目的に活動をするチームです。

2017（平成 29）年度から静岡 DCAT 登録員養成研修を開催し、現在までに、研修を修了した 190 名（2019 年 1 月末時点）が静岡 DCAT 登録員として登録されています。この 190 名は県内の社会福祉施設等で、福祉の仕事をしている職員で、登録員の多くは、社会福祉士、介護福祉士、介護支援専門員、保育士等の福祉の資格を保有しています。

また、静岡 DCAT の活動は、災害時における派遣支援活動だけでなく、

福祉避難所設置・運営訓練における要配慮者アセスメント訓練（函南町）

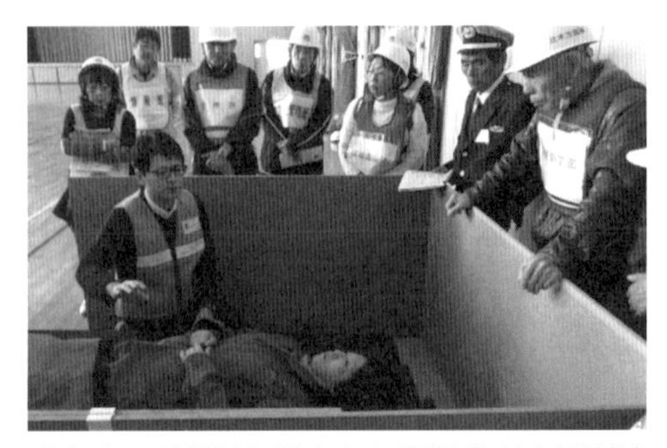

災害時の避難所を想定した要配慮者支援訓練における環境整備訓練（御前崎市）

平常時から県内各地の地域防災訓練や福祉避難所設置運営訓練、各種団体の研修や勉強会等に積極的に参加し、災害に備えた地域のネットワークづくりに力を入れています。

3 ―― 倉敷市立薗小学校での派遣支援活動

1．派遣要請とチーム編成

岡山県知事から、2018（平成30）年７月17日付け文書にて、静岡県知事宛てに静岡DCAT派遣要請がありました。静岡県はこれを受けて、静岡DCAT事務局（以下、事務局）を担う静岡県社会福祉協議会会長宛てに静岡DCAT派遣の協力要請をしました。

事務局は派遣要請の内容に基づき、静岡DCAT登録員および所属事業所に対し、派遣要請があったことを連絡し、派遣可能な登録員を募りました。その結果、男性２名、女性２名の計４名を１チームとして、合計３チーム12名を編成し、活動場所である倉敷市立薗小学校に派遣しました。１チームの活動期間は７日間で、初日と最終日は移動日としました。

チーム編成にあたって、現地で活動を開始していた岡山DWAT事務局や岩手県DWATの現地コーディネーターと連絡を取り、男女半数ずつ、相談業務や介護経験がある人、保育士などの専門職の要望があったので、現地で求められている人材でチームを編成できるよう努力しました。

なお、今回の派遣が静岡DCATとして初めての派遣だったため、第１クールには事務局もチームの一員として同行し、登録員としての支援活動と各県の災害派遣福祉チーム間の調整支援を行いました。

第１クール出発式

第１クール出発前オリエンテーション

2．活動場所と避難者の状況

倉敷市立薗小学校

薗小学校は倉敷市真備地区中心部からやや北側に位置し、今回の豪雨災害による浸水被害から免れた地区にある小学校です。薗小学校には、岡山DWATのほか、県外からの応援派遣として、静岡DCAT、岩手県DWAT、ぐんまDWATが活動しました。静岡DCAT第１クールは、先に活動を開始していた岩手県DWATと活動をともにし、第３クールはぐんまDWATに活動を引き継ぐこととなりました。

避難者の状況は毎日変化していましたが、静岡DCAT活動初日の７月24日には、95世帯245名[10)]が避難していて、第３クール活動終了日の８月５日には、80世帯190名[11)]が避難している状況でした。

静岡DCAT各クールの活動期間中のフェーズは、第１クールは医療チームが撤退していく動きがあり、第２クールは災害支援ナースが撤退する時期と重なり、また行政職員との連携を開始した時期でもあり、第３クールは避難所縮小に向けた動きが出始めた時期で、避難所内の運営も地元に引き継ぐことを視野に入れた活動をしていく時期でした。このように、いずれの県外チームも、活動時期の避難所の課題を把握して、岡山DWAT、つまり地元のチームを主体に活動することを常に意識しながら活動をしました。

避難生活を送る体育館や校舎内の教室には、段ボールベッドと間仕切りが設置されていて、体育館には大型のエアコンと扇風機、教室には移動式のスポットクーラーが設置されていました。しかし、決して快適な環境とはいえず、避難者は汗ばむ室内環境のなかで避難生活を送ることを余儀なくされていました。また、活動期間中は雨がほとんど降らず、気温35度を超える猛暑

体育館内の住居スペース

教室に設置された移動式スポットクーラー

日が続いていて、応援派遣で来ていた県外行政職員が熱中症で倒れたという報告もありました。

このような酷暑が続くなかで、７月28日には台風12号が倉敷市に接近するという予報に備えて、小学校内に設置されていたテントをしまったり、支援物資が濡れないようブルーシートを掛けたり、新たな避難者が避難してくることを想定して教室を片付けたりするなど、台風に備える活動も支援者同士が協力して行いました。

３．避難者へのアセスメント

派遣期間中の大切な活動のひとつとして、保健師やJRAT[12)]と合同で、高齢者など要配慮者の方を中心に体育館や教室にいる避難者を訪問しました。体調や生活環境の確認、今後の生活に関することなどを聞き、医療保健の支援者と情報を共有して避難者の健康管理を行い、継続的な見守り体制をつくりました。合同で巡回することで避難者の負担軽減につながり、異なる分野の専門職が互いの専門性に基づいた声かけや助言を行いました。

避難者からは、今後の生活に関する不安や、避難生活が長引くことによる不眠など体調不良の訴えや、家族の被災状況などの話が聞かれました。また、避難者からの訴えはなくても、専門職の視点で避難者の様子を把握することで、今後の支援の見立てを検討し、地域の介護保険サービス担当者や地元の保健師に避難者情報を提供するなど、ここでも地元を意識した活動をしていました。

アセスメント実施時の記録については、活動初期の段階では、岩手県DWATのアセスメントシートに記録していて、活動途中から保健師のアセスメントシートに転記するようになっていきました。第３クールの時期には、新規に要配慮者のアセスメントを実施することはなかったので、継続的な見守りの際、情報の振り返りとして、読み返しをするなどの活用をしてい

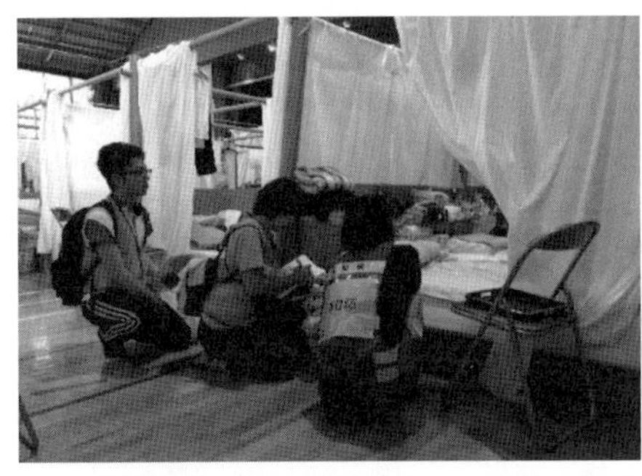

福祉・保健師・リハビリ各チーム合同による避難所内巡回訪問

福祉チームと保健師によるミーティング

ました。

4．なんでも相談コーナー

岡山DWATと岩手県DWATの提案で、体育館入り口の避難者受付向かいに、午前9時から午後4時まで「なんでも相談コーナー」を設置しました。ここではDCATとDWATが常駐して、福祉に関することだけに限らず、避難生活から生活全般の困りごとまで何でも話を聴かせていただく相談支援活動を実施しました。相談コーナーは、地元の岡山DWATと一緒に応対することで、たとえば、診察を再開している病院の場所を説明するなど地域の社会資源情報を速やかに提供したり、地元の言葉でコミュニケーションを取ったりしながら、避難者の気持ちに寄り添い、話を聴くことを心がけました。

病院受診や薬の処方、創傷処置希望など医療的な相談から、仮設住宅申請や住宅再建に関する手続きの相談、今後の生活に向けた悩みを話されるなど、多様な相談がありました。相談コーナーには血圧計を置いていたため、相談はしなくても血圧を測りにくるだけの方もいて、お話を聴かせていただくことで避難者の方とコミュニケーションを取っていました。福祉チームだけで対応が難しい相談には、向かいの受付にいた行政職員や看護師、保健師につないだり、相談内容に関係しそうな倉敷市役所担当部署に電話をかけて対応方法を聞いたりするなどして、できる限りの対応をするよう努めました。

また、静岡DCATの臨床心理士資格を持つ登録員が応対した際には、相談コーナーには来ない児童や中学生に対しては、その場に居ながら様子を把握して、気になる様子があれば福祉チーム内で共有して、継続的な見守りを続けていきました。

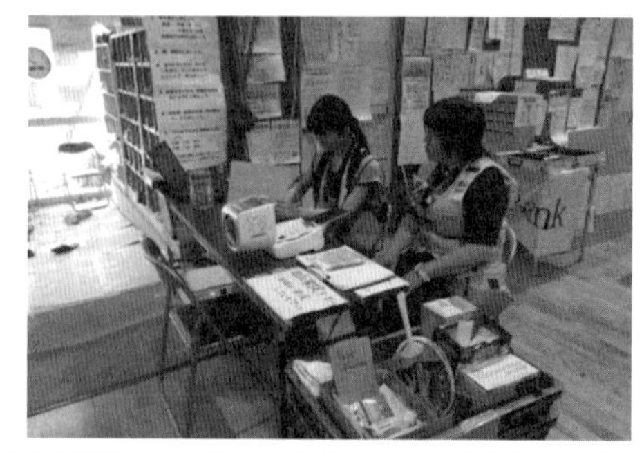

なんでも相談コーナーには避難者の方に気軽に立ち寄っていただけるよう血圧計を設置

５．避難所内の環境整備

避難所内を清潔に保ち、感染症などのリスクを軽減するためにトイレ掃除をしたり、避難所縮小に向けた教室の片付けや支援物資の移動のお手伝いをしたりして、積極的に他の支援者と協力して環境整備を行いました。

保健師チームから、土埃が体育館内に入ってこないように、体育館入口の靴脱ぎ場を体育館外にして入り口付近を整理整頓する提案がありました。埃が原因でレジオネラ菌に感染するリスクがあることの説明も受けて、支援者が協力して清掃を行いました。JRATが入り口に敷く素材を評価して、靴脱ぎ場にはイスの設置の提案もあり、JRATの助言を受けながら設置しました。

体育館の環境整備活動

６．集いの場（サロン）設置と運営

静岡DCATの活動期間中、体育館内は通路以外を除いて段ボールベッドが隅々まで設置されていたため、避難者の方が気軽に会話をしたり、食事をしたりする場所がありませんでした。そこで、岩手県DWATから、誰でも気軽に立ち寄れて、避難者同士でおしゃべりをしたり、食事をしたり、軽体操を提供するなど、交流を深める集いの場の設置について提案がありました。避難所運営会議で福祉チームから避難所責任者の校長先生に、設置の目的や意義、効果、運営方法について説明をさせていただき、パソコン教室の使用許可をいただいて、設置することになりました。開設に向けて福祉チームで飲み物や茶菓子を用意し、チラシをつくって避難者の方に配布をしたり、校内放送で呼びかけをしたりして周知しました。この集いの場には、静岡DCAT第1クール派遣登録員の所属事業所が、誰でもすぐに遊べる簡単なゲームやおもちゃを提供してくれたため、出発時に持参しましたが、子どもたちがそれらを使って遊ぶ姿が見られ、有効活用することができました。この経験を通して、静岡DCATを派遣する職場の上司や同僚、さらには家族の応援や理解を得ることの大切さを実感しました。

集いの場のチラシ

その他には、JRATに簡単な体操をお願いしたり、倉敷市社会福祉協議会の職員が避難者の話を聴きに立ち寄ってくれたりもしました。真夏の日中に炊き出しに並んで食事を受け取った方が、エアコンが効いた集いの場に来て食事を食べたり、テレビで避難者支援情報を見たり、子どもたちが遊びに来たりする様子が見られました。

運営についても開設後からしばらくは、福祉チームが中心になって運営していましたが、静岡DCAT第2クールの活動終盤の頃には、地元の支援団体に運営を任せていくことを意識して活動内容の引き継ぎも行いました。

パソコン教室をお借りして集いの場を設置

７．多職種連携

多職種によるミーティングの様子

薗小学校には多くの支援者が活動していて、行政職員、県外から派遣された医療保健関係者、災害支援や人道支援を専門に行うNPOやNGO団体、地元のまちづくり協議会、地元の保健福祉関係者など多岐にわたりました。このような方たちと積極的に連携を図り、避難者の情報をお互いに共有して、それぞれの専門性が持つ強みを持ち寄り、そのときに一番必要とされている支援活動ができるように意識して活動をしました。

静岡DCATは福祉チーム同士ではもちろんのこと、保健師チームや災害支援ナース、JRATと合同でミーティングをする機会が多くありました。第２クールからは､行政との連携も重要であることを感じたため､行政職員のミーティングにも参加させていただきました。その結果、避難所全体の動きを把握することができました。福祉チームが持つ情報を行政側にも提供していく

多職種が連携して避難所支援に従事。ミーティングも福祉チーム内をはじめ、看護保健チームや地元支援者、行政など多岐にわたる支援者と実施。

避難所連絡会議(通称：薗の会)。各支援者の代表が集まり、避難者の課題や状況を共有し､校長先生（避難所責任者）と支援方針を検討。

支援体制が築かれ、出入りが頻繁であった避難者の情報更新作業には、福祉チームの避難者マップを提供することで確認がスムーズに進むこともありました。

8．派遣支援活動を経験して感じた課題

薗小学校では日中の時間帯での活動でした。日中の避難所は高齢者の方や小中学生が多くいました。しかし、その他の年代の方は仕事や自宅の片付けなどに出かけていて不在な方が多かったため、この方々には直接お話を聴くことがほとんどできませんでした。こういった課題に対して、たとえば、福祉チームでシフトを組み、交代制で夕方以降になんでも相談コーナーを開設して、夜間相談を受け付けたり、避難所内巡回を実施したりしていたら、新たな福祉的課題や困りごとの把握につながったかもしれません。

また、登録員の健康管理も課題として感じました。今回の派遣は１チーム７日間の活動でしたが、不慣れな土地で被災地であり、また、真夏で大変暑い気候も重なり、さらには全員が初めての派遣ということで、派遣された静岡DCAT登録員は緊張感を強いられてストレスがかかりやすい活動環境に置かれていたといえます。このようななかで、１名が途中で体調不良になり活動を半日休んだことがありました。現地活動中に自分の気持ちをリセットすることや、十分な休息時間の確保、意識的にチーム内で息抜きをするなどして、セルフケアを行い自分自身の体調管理に努めることがとても大切だと思いました。また、リーダーはチームのなかに体調が悪い人がいないか注意を払い、チーム全体に配慮して、気軽に何でも言い合うことができるチームづくりをすることも求められると思いました。

さらには、活動終了後には派遣中の緊張感から解放されたからか、しばらくは体調が優れない登録員も多くいたので、派遣後のリフレッシュや休息を十分に取って気持ちを切り替える時間も大切であることがわかりました。

その他には、活動の記録について、書き方に決まったルールがないまま活動日報を作成していました。したがって、正式に残す記録として活動日報をどのように作成するのか今後の課題といえます。そして、今回は派遣されなかった登録員や所属事業所への情報提供も十分にできていなかったと思います。事務局が同行した第１クール活動期間中は現地から活動状況をメールや専用配信システムを使用して所属事業所や全登録員に配信をしていましたが、第３クールの活動期間中まで継続的な情報提供はできていなかったと思います。SNSなどを活用して、現地で活動している登録員が自ら情報を関係者に提供できるような仕組みをつくっていくことも必要だと思い

ます。

4 ── おわりに

静岡DCATが発足して初めての派遣となった今回の活動では、岡山DWATを中心にして活動すること、つまり、地元福祉チームの後方支援であることを意識して臨みました。岡山DWATも初めての派遣支援活動だったので、派遣経験がある岩手県DWATと最初に活動させていただけたことは学ぶことも多く、助言もしていただき、大変心強かったです。今回派遣を経験することができた静岡DCAT登録員が活動を振り返り、チームとしてうまく機能したことや課題を明らかにして、これらの経験値を全登録員と共有することで、チームとしてさらなる研鑽を積み、新たな派遣要請に備えて、日ごろからの活動をこれまで以上に活性化していくようにしたいと考えています。

コラム　熊本地震体験による避難所内課題への対応

1 ── はじめに

暗闇に響く緊急地震速報の音。サイレンの音。ヘリコプターの音。当たり前の日常がなくなったあの日、私は被災者になりました。

2016年４月、二度にわたる地震が起きた熊本県益城町。14日に起きた地震により止まっていた電気が翌日夕方には復旧しました。ガスや水道は復旧していませんでしたが、電気がついたことはとても嬉しくそれは希望の光に見えました。そして、16日深夜。車中泊のなか、下から突き上げる揺れに飛び起きた次の瞬間、激しい横揺れにドアに何度も体を打ち付けられました。まるで、怪獣がおもちゃを揺らすような尋常ではない揺れに「死ぬ!!」と生まれて初めて死を覚悟しました。夜が明けると、想像を絶する光景が広がっていました。家々は崩れ、電柱が倒れ道路は陥没し、主要道路は大渋滞。ライフラインは全滅。昨日感じた希望の光は絶望へと変わり、度重なる余震は地震の恐怖を蘇らせました。私の家も住める状態ではなくなり、両親は避難所、私は車中泊という選択をしました。

2 ── 避難所内活動へ

そのようななか、熊本県介護福祉士会の石本会長から連絡があり、「避難所で動いてほしい」と頼まれました。私自身も被災し、かつ仕事もしているため、一度はお断りしました。しかし、避難所で小中学校の同級生が役場の職員として働いることを知り、私も介護福祉士として避難所で活動することを決めました。彼女の家は1階が完全に潰れて全壊でした。同級生も被災しているにもかかわらず、懸命に働いている姿を知り、私も覚悟を決めたのです。避難所での活動開始時、同級生に「益城町の役場の職員ってここに何人いるの？」と尋ねると「3人よ」と答えました。避難所は多い時で300人近くの被災者がいるのですが、避難所運営に関わっている職員はたった3人です。様々な自治体からの応援職員がいるとはいえ、あまりの人数の少なさに驚きと厳しい現実を知りました。そこで、少しでも避難所運営の力になりたいと考えボランティア活動を始めたのです。

3 ── 避難所内課題の発見

私は避難所生活をされている要配慮者に目を配りながら、介護福祉士として対応すべきことを探しました。このとき、右上腕を骨折したAさんが避難所の一番奥で生活されていることを知りました。傍らにはまったく減っていないペットボトルがあり、水分を取っているのかと質問しました。するとAさんは、「左手では開けられない。トイレも遠いし飲むと行きたくなる。一人では立てないから役場の人に抱えてもらって申し訳ないから飲まない」とのことでした。このように避難所生活者は、水分を摂取しないリスクの認識が低いことが現状です。また、詰め替え用のウエットティッシュも傍らにありましたが、こちらも「左手では開けられないから使わない」とのことでした。水の使用に制限がかかる避難所生活は、簡単に手を洗うことができません。ウエットティッシュの使用は衛生管理に重要なことなのです。また、足腰が悪く床からの立ち上がりが困難な人たちも数多くみられました。

このように避難所では、救援物資などを十分に活用できない人たちが多く、ここに介護福祉士としての役割があるのだと認識しました。

4 ―― 要配慮者に対する課題への対応

こうした要配慮者の様々な課題を解決するために、私が行ったことは、まず役場の職員に了承を得て避難所にあった低い椅子を用意してもらうという環境整備です。すると、一人でも床からの立ち上がりができるようになりました。これは大変喜ばれました。ペットボトルに関しては、友人に頼みワンタッチ式のストローキャップを用意してもらいました。これで、自分で開閉しいつでも飲めるようになりました。ウエットティッシュは、役場の職員にお願いし支援物資の中からワンタッチ式のウエットティッシュを選択してもらい、片方の手でも使える状態にしました。救援物資にもバリアフリーやユニバーサルという視点が必要です。その人に合った道具を用意することで自立につなげることができます。

避難所内にＢさんというご夫婦で避難されている方がいました。Ｂさんの枕元にはたくさんの飲みかけのペットボトルがありました。いつ開けたのか伺うと、「わからん」と答えられました。避難所には冷蔵庫はないので常温のまま保管しなければなりません。Ｂさんには不衛生であることを説明し、了承を得たうえで破棄し、新しい水を用意しました。これは、他の高齢者の方にも共通の問題点でしたが、支援物資からいただいた食べ物、飲み物は捨てずにいつまでも保管している方がいました。「支援物資だから…捨てるのは勿体ないから…」といった理由でいつまでも保管しているのです。また、視力の低下により賞味期限の表示が見えづらいので認識はさらに低くなります。このように、食品関係にも気を配る必要性も実感しました。

そのほか、杖歩行で移動されていたＣさんは、「杖が布団の端に引っ掛かり２回も転倒した」とのことでした。幸い布団の上で転倒したので大事には至らなかったのですが、確かに通路は人一人が往来するスペースしかなく、すれ違う時は人の布団の上に乗って行くしかありません。これはＣさんに限らず、シルバーカーで移動されている方も方向転換時の不安定さが見て取れました。これは環境の改善は必要ですが、高齢者と子ども以外の人たちは昼間に避難所にいないので場所の交渉が難しい等、一度確保された場所はなかなか移動が難しい現状があります。避難所をつくる際に、一番にやるべきことは通路をつくることです。限られたスペースではありますが、杖歩行や老人車、車椅子が安全に通れる通路がもう少し確保できたらと思いました。

これは、ほとんどの高齢者の方に共通していたことですが、放送が聞こえづらく難しい言葉は理解できないため、放送に対して無関心の方が多い現状がありました。避難所には様々なボランティアの方が来て下さいましたが、放送だけでは高齢者とのマッチングは難しいようでした。声かけや付き添いをすることで橋渡しの役割となりますが、高齢者の方に困っていることを尋ねでも「大丈夫です」と答える方が多かったです。それは、「迷惑はかけられない」という想いからくるものだと思います。私が行った支援活動も、家族でできるのでは…と感じる部分もあるでしょう。しかし、昼間の避難所は主に高齢者と子どもしかいません。家族は、仕事や家の片付けなどでほとんどいないのが現状です。家を失い、仕事を失い、思い出の品を失い、大切な人を失った人も大勢います。先の見えない未来にみんなが必死で生きているなかで高齢者に目を向ける余裕はありません。それをわかっている高齢者は我慢するのです。だからこそ、高齢者は置き去りにされやすいのです。介護福祉士は、その専門性があるからこそ、避難所内の高齢者が抱える課題を解決することができます。それにより、避難所という一時的な家を少しでも快適に過ごす手助けができると考えると、私たち介護福祉士の避難所における役割は大きいと思います。

5 ── 避難所内活動で心得るべきこと

最後に私が被災者としてボランティアを行うなかで心得るべきと考えたことをお伝えします。

❶「自分の身は自分で守ってほしい」

残念なことに地震発生後、治安は一気に悪化し、私自身も身の危険を感じたことがありました。貴重品は身に付けるなど注意して下さい。不安になるかもしれませんが、これは被災地で起こる悲しい現実です。防犯意識を持つこと、誰かの目があることは抑止力にもつながると思います。

❷「体育館など移動する際は静かに歩いてほしい」

体育館は寝ていると布団の上でも足音の振動が頭に響きます。特に高齢者は寝ていることが多く、この要望は頻繁に放送されていました。

❸「写真撮影は止めてほしい」

今回避難所での活動様子を捉えた写真をお見せすることができません。私自身が携帯カメラを向けられて嫌だったので、カメラに記録することができなかったからです。避難所はそこが生活の場で見世物ではないということを理解していただけたらと思います。

❹「所属を明らかにしてほしい」

避難所では介護福祉士の他にも、医師・保健師・薬剤師など様々な専門職の方々に助けていただきました。その職種を見る度に安心し、来てくれたことに嬉しく思いみんな感謝していました。逆に、明らかにされていないと治安が悪化していることもあり警戒してしまいます。活動をする際は、所属を明らかにすることが重要です。

車中での不自由な生活は辛く、限られた時間のなかでのボランティア活動は限界がありました。そんなとき、介護福祉士会のビブスを見ると仲間が助けてくれていると実感し、嬉しく心の支えにもなりました。介護福祉士としてのボランティア活動は、不安や哀しみのなかにいる被災者を生活の視点から支え、希望の光と自立への一歩になると確信しています。

【註】

1）Disaster Medical Assistance Team の略。
医師、看護師、業務調整員（医師・看護師以外の医療職および事務職員）で構成される。大規模災害や多傷病者が発生した事故などの現場に、急性期（おおむね48時間以内）に活動できる機動性を持った、専門的な訓練を受けた医療チーム。被災地の外に搬送する、広域医療搬送など多岐にわたる医療的支援を行う。
2）全国社会福祉協議会「東日本大震災 災害ボランティアセンター報告書」2011年 p.76
3）日本社会福祉士会「東日本大震災 災害支援活動の記録」2012年　p.21
4）日本医療社会福祉協会ホームページ
https://www.jaswhs.or.jp/（2019年4月閲覧）
5）日本精神保健福祉士協会「東日本大震災支援活動記録集」2015年　p.18
6）日本介護福祉士会ホームページ
http://www.jaccw.or.jp/home/index.php（2019年4月閲覧）
7）川上富雄『災害ソーシャルワーク入門』中央法規出版　2013年　p.28
8）Disaster Welfare Assistance Team の略。
9）Disaster Care Assistance Team の略。
10）倉敷市ホームページに 7 月 24 日午前 7 時現在の情報として掲載。
11）倉敷市ホームページに 8 月 6 日午前 7 時現在の情報として掲載。
12）JAPAN DISASTER REHABILITATION Assistance Team の略。
大規模災害リハビリテーション支援関連団体協議会により各都道府県単位で編成されて被災地に派遣される災害リハビリテーションチームのこと。

【参考文献】

1節　小原真理子『いのちとこころを救う災害看護』学研　2008年
DMAT事務局ホームページ
http://www.dmat.jp/DMAT.html（2019年4月閲覧）
江部克也・山崎達枝編『シミュレーションで学ぶ避難所の立ち上げから管理運営 HAPPY―エマルゴトレインシステム手法を用いて』荘道社　2016年
災害行動科学研究会編『災害時の健康支援―行動科学からのアプローチ』誠信書房　2012年

西澤匡史・杉本勝彦・鵜飼卓編著『いのちを守る—東日本大震災・南三陸町における医療の記録』へるす出版　2012 年

第5章 平常時における防災・減災活動の実際

1 介護施設における防災活動の組織化

1 ── 法人、施設の概要

筆者が所属する社会福祉法人 椎の木福祉会は、愛知県半田市にあり、3つの特別養護老人ホームと1つの養護老人ホームを運営しております。市内には他に特別養護老人ホームはなく、半田市で唯一の特養を運営する社会福祉法人として「地域最後の拠り所」を法人理念に掲げ、その使命と責任を全うすべく、事業の推進を図っております。

本節では、当法人の防災対策について、実際にどのような見直しを実施してきたか、どのように組織を動かしてきたか、どのような対策を検討してきたかを述べていきます。

2 ── 災害対策見直しの背景

表5－1のとおり、当法人は3つの特別養護老人ホームと1つの養護老人ホームを運営しています。理念、就業規則、事業計画など法人運営の柱となる部分は法人として管理していますが、日常の施設運営は各施設の役職者、委員会組織が中心となり、施設単位で実践されています（これは当法人の“自分たちで実施する施設運営”という強みでもあり、“各施設で運営に色が出る”という弱みでもあります。現在、法人単位で管理すること、施設単位で管理することを整理している段階です）。

防災に関しても、これまでは施設単位での管理であり、それぞれの施設の防災委員会がマニュアルを作成し、非常用物品等を揃えていました。同じ法人である4つの施設が、それぞれ違うマニュアルを作成し、それぞれ違う非

表5－1　椎の木福祉会が運営する施設

施設名	定員	併設施設	開設年
特別養護老人ホーム 瑞光の里	従来型90名 ユニット型40名	短期入所20名 居宅介護支援事業所	平成4年
特別養護老人ホーム 第二瑞光の里	ユニット型90名	短期入所10名 通所介護30名	平成16年
特別養護老人ホーム 瑞光の里 緑ヶ丘	ユニット型100名	短期入所20名	平成28年
半田養護老人ホーム Link	措置入所50名	緊急SS事業受託 （市独自事業）	平成26年 （市から移管）

常用物品を準備している状況は、コスト面からも運用面からも非常に非効率であり、有効な防災対策とはいえない状況でした。

各施設がそれぞれの状況に合わせたマニュアルを自分たち（各施設の職員）で作成し、運用できるというメリットはあります。しかしながら、南海トラフ巨大地震が30年以内に発生する確率が70％～80％とされているなかで、各施設単位での防災対策では弱すぎるという考えに至り、法人全体、さらには地域も巻き込んだ対策を策定すべく、法人全体での防災対策の見直しに取り組むこととなりました。

3 ── 見直しのための組織づくり

まずはじめに法人の役職者が集まる会議において“法人全体で防災対策を見直す”ことを確認しました。次に見直しを具体的に実施していくプロジェクトメンバーを表5－2のように選定しました。全体の責任者として4施設のなかから施設長を1名選出し、他メンバーについても各施設の状況を把握でき、情報を発信できる立場にある職員で構成しました。施設規模の小さい（職員数の少ない）養護老人ホームは、全体を把握できる生活相談員をメンバーとしました。学識経験者として静岡県立大学 短期大学部の鈴木俊文准教授をアドバイザーに迎え、「椎の木福祉会 防災部」が正式に立ち上がりました。

組織立ち上げ後、各施設にある防災委員会との連携をスムーズにするため、組織の役割分担を明確にしました（図5－1）。「椎の木福祉会 防災部」は巨大地震などの大規模な災害に対する対策を検討し、各施設の「防災委員会」は火災や停電など施設単位での災害に対する対策を検討していくこととしました。また、防災部で策定した法人のマニュアル等を各施設に落とし込み、その施設の状況に合わせて各施設の防災委員会が微調整をするなど、必要に応じて双方の組織で連携をとりながら進めていくこととしました。

表５－２　椎の木福祉会　防災部メンバー

施設名	事務	介護	看護・調理
特別養護老人ホーム瑞光の里	事務部長	介護課長	看護部長
特別養護老人ホーム第二瑞光の里	事務部長	介護課長	管理栄養士課長
特別養護老人ホーム瑞光の里 緑ヶ丘	施設長	介護課長	統括看護部長
半田養護老人ホームLink	生活相談員	—	—

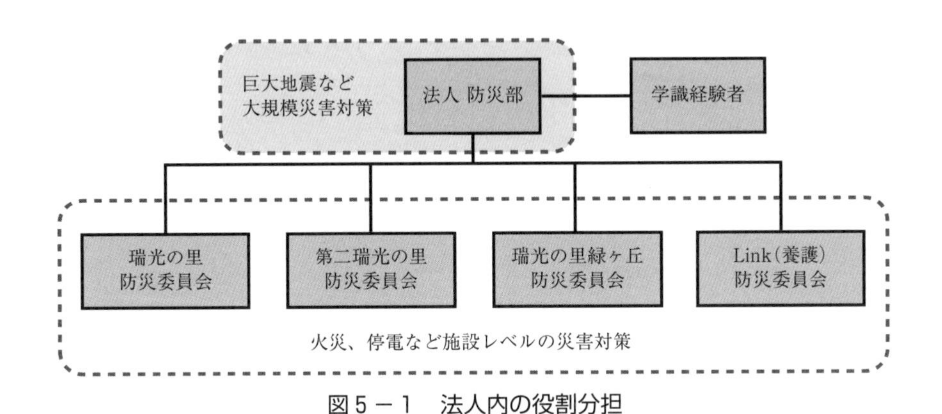

図５－１　法人内の役割分担

４ —— 組織における具体的な検討

１．防災マニュアル策定の進め方

❶各施設のマニュアルの把握

当法人は前項で述べたように、各施設単位でそれぞれマニュアルが存在している状況でしたので、まずそれらを整理するところから始めました。防災部メンバーが自施設のマニュアルをすべて持ち寄り、何のマニュアルがあるかを確認し合いました。それぞれの施設を比べてみると、最低限必要な項目は各施設で揃っており、マニュアルの中身も似たような内容でしたが、プラスαな部分は施設ごとに大きな違いがあることがわかりました。その差を解消し、法人としてのマニュアル作成を実施していくために、持ち寄ったマニュアルを規程関係、初動マニュアル、非常物品管理、非常食管理、ライフライン、災害時の介護・看護、労務管理、地域連携、在宅部門、研修と10のカテゴリーに分類し、一覧表にまとめました。また、現在はマニュアルが存在しないが、今後、必要になると思われるマニュアルについても話し合い、一覧表に追記していきました。

❷各施設のマニュアルの整理

次に、これから作成していく法人としての各マニュアルのベースとなる部分を決めていきました。法人内のどこかの施設にマニュアルが存在する項目については、それらをベースにしました。たとえば、非常物品の管理については A 施設の管理表をベースにしよう、初動マニュアルについては B 施設の初動マニュアルをベースにしようという具合に、一つひとつベースとなるものをメンバーで話し合って定めていきました。ベースとなるマニュアルが存在しない項目については、メンバーでどんな内容が必要になるかを話し合いマニュアルのイメージを共有しました。

❸マニュアルの決定

ベースに定めたマニュアルを各施設に持ち帰り、委員会等でそのベースについての追記案、修正案を出してもらいました。マニュアルが存在しない項目については、防災部で定めたイメージに対して追記案を出してもらいました。

各施設で検討した追記案、修正案を防災部に集め、ここで再び議論し、各項目の新マニュアルイメージを防災部で共有しました。ここで担当者を決め、イメージを具体化し、マニュアルを完成させていきました。

❹法人合同訓練によるマニュアルの改善

法人全体で合同訓練を実施しました。作成したマニュアルをもとに訓練を実施し、訓練で浮き彫りになった課題を解決するためにマニュアルを見直しました。今後、そういった作業を繰り返すことで、より完成度の高いマニュアルができあがっていくと思います。

2．防災マニュアル

ここでは、椎の木福祉会防災部で実際に整備してきたマニュアルの具体例を紹介していきます。

❶地震防災規程

各施設の地震防災規程について整備しました。

具体的な見直しポイント

- 法人全体の組織図を作成し、指示命令系統について確認しました。また、大規模災害における本部設置場所についても確認しました。
- 自動参集のルールについて整備しました。震度いくつで自動参集になるのか、自動参集にはどの程度の強制力を持たせるか、法人の職員全員が統一した考えで行動できるように整備しました。

❷初動マニュアル

地震等の大規模な災害が発生して、状況が落ち着くまでの間の行動マニュアルについて整備しました。

具体的な見直しポイント

・全体の流れがわかる表紙を作成しました。この表紙はマニュアル関係の一覧表の役割も兼ねています。

・時間軸マニュアルを作成しました。災害発生直後に何をするか、３時間後までに何をするか、24時間以内に何をするか、１週間以内に何をするかなど、大まかに何を実施しなくてはいけないかを整備しました。

・電話連絡網を廃止して、メールやWebを活用した安否確認ツールを導入し、緊急時の連絡体制を整備しました（これは災害時以外でも使用できるツールのため、その他の活用方法についても法人内で検討中です）。

・初動指示ポスターを作成しました。大災害が発生した際に、すぐに実施しなければいけないこと（火元の点検、安否確認など）をチェックリスト付きのポスターにしました。災害時には、この初動指示ポスターを貼り、チェックしながら行動していきます。

❸非常災害物品の管理

必要物品の整理、管理方法について法人で統一したマニュアルを作成しました。

具体的な見直しポイント

・非常災害時に法人本部では何が必要か、各施設には何が必要かを検討し、非常物品の必要リストを作成しました。リストをもとに何があって、何が不足しているかの現状把握を実施し、優先順位を見定めながら計画的に購入を進めていくこととしました。

・非常物品管理表の様式を法人で揃えました。

・支援物資の「欲しいものリスト」を作成しました。いざというときに何をお願いすればいいか、事前に検討しました。

❹非常食の管理

非常食の整理、管理方法について法人で統一したマニュアルを作成しました。

具体的な見直しポイント

・非常食の基準（総カロリー数、１日の提供食数など）を作成し、何を何日分準備するか法人で統一しました。しかし、すでに賞味期限５年ほどの非常食を各施設が揃えていたため、その非常食の賞味期限が切れ次第、随時交換していくこととしました。
・非常食管理表の様式を法人で揃えました。管理表をもとに賞味期限をチェックし、期限内に訓練等で非常食を使用する仕組みをつくりました。
・非常食を用いた献立を作成しました。調理課が機能しているときと機能していないときに分けて検討しました。調理課が機能しているときは、通常の献立の調理在庫の活用についても検討しました。

❺ライフライン

ライフラインについて、途絶えた場合にどこに連絡をすればいいか、どのような代替え品があるか確認しました。

具体的な見直しポイント
・ライフラインは、各施設の設備が違うため、最も統一が困難でした。業者の連絡先、契約状況、その他の情報を管理するシートの様式は揃えることができましたが、細かな部分は各施設での管理としました。
・各施設で既存設備の確認や使用方法の周知などを実施しました。

❻災害時の介護・看護

災害が発生し、出勤する職員が少ないとき、ライフラインが途絶えた場合にどういった介護、看護を実施するか整理しました。

具体的な見直しポイント
・被災レベルに基づき、最低限実施する項目をケアごとに表に整理しました。ライフライン、職員の出勤率などを考慮して、臨機応変に当日のケア方法を決めていくことができるマニュアルとしました。
・看護については簡素化が困難な業務が多く、応急処置、感染症対策などは通常よりも業務量が増えることも予想されます。物品の確保、業務の優先順位、トリアージ研修など何を準備していくかを議論し、整理しました。
・応急処置の方法についてマニュアルを作成しました。看護職員がいる場合といない場合に分けて検討しました。
・パソコン関係が使えなくなった場合の介護記録について検討しました。
・電動ベッド、ナースコール、エアマットの代替えについて検討しました。
・病院受診、救急搬送についての考え方を整理しました。

❼労務管理

災害が発生した際の出勤、残業等の管理方法について整理しました。

具体的な見直しポイント
- 緊急出勤、残業についての指示命令系統の確認や記録方法について整理しました。
- 交通網分断等による事情で勤務が困難な場合、所属施設ではなく、自宅から最も近い施設に出勤するなどの対策を検討しました。

❽地域連携

災害が発生した際の地域との連携について整理しました。

具体的な見直しポイント
- 行政と事前に話し合いの場をつくり、福祉避難所としての機能について確認しました。
- 地域の他事業所、病院、地域住民との連携について検討しました。
- 建物が倒壊、半壊した場合の避難先について検討しました。
- ボランティアの受け入れについて検討しました。

❾在宅部門

在宅サービス（短期入所、通所介護、居宅介護支援事業所）の災害時の利用について検討しました。

具体的な見直しポイント
- 在宅サービス利用者の安否確認方法について検討しました。
- 短期入所、通所介護の利用時間内に災害が発生した際の利用継続について検討しました。
- サービス継続ができない場合の調整方法について検討しました。

❿研修

災害関係の研修について整理しました。

具体的な見直しポイント
- 法人全体での大規模災害訓練の研修を年に１度実施し、浮き彫りになった課題を修正し、マニュアルを改訂していくこととしました。
- 賞味期限が切れそうな非常食を使って、非常食訓練を定期的に計画していくこととしました。実際に食べることで、味、食事や提供のしやすさなども確認します。
- 看護職員によるトリアージ研修、介護職員による応急処置の研修を計画していくこととしました。

5 ── 今後に向けて

今回、椎の木福祉会では、学識経験者のアドバイスを受けながら、法人としての防災マニュアルの整備を実践してきました。

被害状況の具体的な想定は困難ですから、マニュアルに細かく定めるのには限界があります。「こういった場合は○○という行動をする」という通常のマニュアルだけでなく、「○○を最低ラインとする」「○○を優先的に考える」などという行動の指針や考え方を示すことで、予想外の事態にも臨機応変に対応できるチームをつくっていくことを大切にしてきました。

また、チームの中核を担っているメンバーの数人が不在になるなど、いつもの組織体制が機能しない状況も想定する必要がありました。チームを組織的に機能させるためには、特定の個人のリーダーシップだけに依存しない仕組みをつくることも重要です。

本取り組み組は、法人の防災部が中心となり進めてきましたが、各施設の職員からの意見も集約してマニュアルをつくり、そのマニュアルを実際に職員が活用（訓練、研修等）し、その課題をもとにマニュアルを修正していくという流れをつくることができたことも大きな成果であったと感じています。

マニュアルの整備や備品の準備などの防災対策ももちろん重要ですが、職員一人ひとりが問題意識を持ち、チーム全体で防災対応について考えること、そしてそれを継続していくことが何よりも大切なことだと考えます。

2 災害過程アセスメントシートを活用した研修の展開

2011（平成23）年３月11日、東日本大震災が起こったとき、私は施設で通常業務に当たっていました。勤務する施設は愛知県ですが、そのとき、近隣の中学校から大型地震の発生を知らせるカウントダウンのコールが鳴り響きました。その直後、大きな揺れを感じ、私は「ついに東海大地震か？」との思いが頭をよぎりました。すぐさま、利用者が生活している食堂に向かうと、テレビの地震速報は「東北地方で地震」と伝えていました。大丈夫か？　と心配する気持ちと、もし、このまま東海大地震が連動して起こった場合、施設の災害対策は？　と不安な気持ちが交差したことを覚えています。

こうしたことから、その後、私の勤める施設では本書で紹介している「災害過程アセスメントシート」（p.57）を活用した災害研修を行いました。参加した介護職員の間では、特にライフラインが止まってしまった場合の食事・

排泄・入浴について議論が集中しました（写真１）。

なかでも、排泄介助（トイレの水が流せなかった場合）については、特にイメージがわかず、ポータブルトイレへの変更がよいのか、既存のトイレを工夫したほうが安全で効率的な介助になるのかと、議論が集中し、平行線を辿りました。しかし、これこそが今施設に必要な災害訓練・研修ではないかとの結論に至った次第です（付録①）。

写真１　議論の様子

そこで実際、水が流れない被害を想定した排泄介助訓練を実施しました。

訓練当日、まずポータブルトイレの設置をはじめましたが、想像以上に設置場所が限られること、また、必要物品（おむつ、下用タオル、ゴミ箱、手すりなど）やこれらを活用する効率性を考えた場合、その配置が難しいことがわかり、既存のトイレを工夫して使用することにしました。具体的には、便器をビニールシートで覆い、その上におむつシートを乗せる（便座に挟む）という方法です（写真２・３）。

この方法で訓練を実施してみると、アンケート結果からわかるように、介助する側は、ゴミの量が増えた程度で、想像していたほどには介助の変更点は発生せず、時間的な増加もみられないことがわかりました（付録②）。しかし、利用者のなかには、「ここでするの？　していいの？」と戸惑う方がいました。また、認知障害のある利用者などは、トイレに設置したおむつやビニール袋の意味が理解できず、それを取ってしまったり、いつもと違う環境を察して、排泄することができない方もいました。

写真２　最初にビニールシートで覆う

写真３　便座におむつシートを挟む

このように、ライフラインが断絶したなかでのサービス提供は、限られた職員体制と限られた物品で、いかに通常の介護業務に近いかたちを維持できるかが求められると思います。そして、この工夫が利用者の生命を守る最大のリスクマネジメントであると痛感しました。災害過程の研修・訓練は、マニュアルを整備することで安心感を得てしまいがちになりますが、今回私たちが排泄介助訓練を実施したように、定期的な災害訓練が実施できるよう、研修内容を日ごろからアセスメントし、取り組んでいくことをお薦めします。

付録①　ライフラインが途絶えた際のトイレ、排泄介護の対策を考えよう

⑩ 現状の排泄介護の状況	
トイレ使用者	２階　21名　　３階　35名
使用方法・回数等	デイルームのトイレを使用。
ポータブル使用者	２階　なし　　３階　３名
使用方法・回数等	個人所有者のみ。日中はほぼ活用しない。
ベッド上おむつ交換者	２階　14名　　３階　８名
使用方法・回数等	各居室のベッドを使用し、昼夜合わせ６回程度実施。 夜間のみおむつ対応者　２階　35名　３階　36名
その他	０名　　尿器、バルーン使用者等は現在利用なし

⑪ 水が流れない場合の対応策	
トイレ使用者	水が使用できない場合使用中止
使用方法・回数等	トイレ訴えがある人は、ポータブルトイレに変更。
ポータブル使用者	２階　21名　　３階　35名
使用方法・回数等 ・通常使用しているトイレに５個設置。通常の誘導時間に合わせ対応。 ・居室で個人利用している方は、居室で使用。 ・ポータブルに溜まった排泄物の処理がしやすいよう、中にビニール袋を活用。 ・悪臭対策のため、ごみ袋にふたをし管理。ある程度溜まったところで外のごみ捨て場へ。 ・排泄時の汚染衣類は袋にまとめて保管（水が使用できる際まとめて洗浄）。	
ベッド上おむつ交換者	２階　14名　３階　８名
使用方法・回数等	通常時と変更なし
その他	０名　　尿器、バルーン使用者等は現在利用なし

災害時の排泄介護に関する課題、必要な研修計画

課題	研修計画
①　おむつの備蓄は何日分可能か。 ②　トイレの水が流れず、ポータブルトイレに変更した場合の予測がつかない。 ③　認知症の方は変化に対応できるか。	トイレの水が流れないことを想定し、 排泄時ポータブルトイレ活用に変更した災害訓練を実施する（認知症の人を含む）。

付録②　ライフラインが途絶えた際のトイレ、排泄介護の対策を考えよう災害研修を実施して（アンケート結果）

1．通常の排泄介助と比べて時間配分はいかがでしたか？
・いつもと変わらない様子だった。
・特に問題なし。
・おむつシートを設置するのに多少時間はかかったが、思ったほど時間はかからなかった。
・おむつシートを設置する関係で、いつもより早めに行うとよかった。

2．今回実施した排泄物の処理方法（トイレにブルーシート）はどうでしたか？
・特に問題なく、よかった。処理しやすかった。
・対応はよかったが、災害時におむつシートが足りるか心配。在庫が心配。
・スムーズに行えた。
・よいアイディアだった。
・便器の中が汚れず、よかった。
・簡単に出来て清潔だったが、下痢便の場合、気を付けて処理しないと汚れてしまう。
・おむつシートの敷き方（縦はOK、横はNG）によっては、漏れてしまうことがあった。
・トイレに座っても必ず出るとは限らず、おむつ内に出ている方がいたため、毎回交換する必要はなかった。それほど時間はかからなかった。

3．通常の排泄介助に比べ、新たに必要な物品は発生しましたか？
・おむつシートを多めに発注しておく必要がある。
・ビニール袋が必要。
・ゴミ箱がいっぱいだったため、ゴミ箱を増やすか、大きなサイズにする必要がある。

4．いつもの介助と比べて、特別な介助方法は必要でしたか？
・特にありません。
・普段使用しているトイレで実施したため、物品もそろっており、手すりもあったため、問題なかった。

５．認知症利用者の介助はどのように対応できましたか？（おむつシートを取ってしまったり、ゴミ袋を取ってしまった方はいましたか？）

・トイレに入られる際に、説明し対応したため、問題なかった。
・おむつシートを取って、ビニールの上に便をしてしまう利用者がいたため、その都度交換しないといけないし、常に付き添うことが難しいため、職員がいないと気づくのに時間がかかり臭いが出てしまう。
・排泄が一通り終了した後に、おむつシートを敷き忘れてしまい、ビニール袋の上に排便があった。
・おむつシートとビニール袋を何度か取ってしまった方に説明するも理解してもらえなかった。
・外す方はいなかったが、気にされる方はいた。
・職員が気づけばいいが、気づかずに流してしまった場合、配管が詰まる可能性がある。

６．トイレ内、食堂等に悪臭はありましたか？

・特に気にならなかった。
・蓋付きのゴミ箱に捨てたため、問題なかった。
・排便があった際、エチケット袋に入れ、口元を縛って捨てたため、それほど気にならなかった。
・水に浸からず、パッドの上で排便されたため、いつもよりは臭った。

７．便器の排水以外で、水が使用出来ないいくつかの課題について教えてください。（手洗い、下用タオル、陰洗等）

①　手洗いについて

・いつも手を洗われていた方は、すっきりしない様子で、手を洗いたいと言っていた。
・ウエットティッシュなどで拭き、アルコール消毒する。
・手が汚れてしまった場合、ウエットティッシュなどで拭き取るが完全に拭き取れるか心配。
・心情的に不衛生に感じた。

②　下用タオルについて

・排便時には特に使いたいため、濡れていないと不便。
・お尻拭きやトイレットペーパーでは拭き残しが出てしまう。
・使い捨てお尻拭きなどは、排便があった際にはかなりの量が必要になる。
・しっかり拭き取れないため、肌荒れ等が心配。

・非常用にお尻拭き用のウエットティッシュを準備しておいた方がいい。

・災害用に浴室に水を溜めているため、その水を使用し濡れたタオルを準備する。

③ 陰洗について

・陰洗が無いとしっかり対応できず不便。

・困るが非常事態なのでウエットティッシュで拭くしかない。

・肌荒れや気分的にも不快に感じる事が心配。

・陰部・臀部が汚れた状態では不快で困る。

・傷やただれがある方は長期になると悪化する心配がある。

8．通常の排泄介助に比べ、ゴミの量はどうでしたか？

・いつもより多かった。

・いつもより多かったが、思ったほどではなかった。

・ブルーシートがある分、量が嵩んだのと、パットに排尿・排便がある分、重く感じた。

・災害時（10月12日）：9時排泄介助11.9kg　13時排泄介助7.8kg　16時排泄介助9.3kg

通常時（10月19日）：9時排泄介助9.5kg　13時排泄介助5.7kg　16時排泄介助7.8kg

※2階で実施した結果です。

9．その他、水が使用出来ない事による不都合はどのようなものがありましたか？

・トイレで不都合さを感じたので、他の場所も止まってしまったらと考えると、こういった災害訓練は必要だと感じた。

・手洗いが出来なかったり、下用タオルが濡らせず、しっかり陰洗等が出来ないため、不潔になってしまう。

・トイレの水が流せないことは、今回の対応を実施すれば、それほど問題ではない。それより、手洗い等が出来ず、清潔の保持ができない事が問題に感じた。

・便が多量に出たときの処理が大変だと思った。

・トイレ内に排泄すれば、水に落ちる音で排泄を確認できるが、パットでは排泄したかがわかり辛かった。

10. 今回の訓練を通して、利用者の精神的な変化等を感じましたか？
- ・いつもとは違い、排泄を嫌がってトイレに座ってもらえなかった。
- ・しっかりされた方は、不快に感じていた。
- ・おむつシートが敷かれた状態を見て、「ここでするの？」「していいの？」と何度も聞かれる利用者がおり、その都度対応した。

11. 今回の訓練を通して、利用者の身体的な変化は感じましたか？
- ・最初は抵抗があり、排泄できない利用者がいた。
- ・特になかった。

12. 今回はポータブルトイレへの変更を中止し、既存のトイレを工夫して使用しました。ポータブルトイレで同じような介助をした場合、想定できる課題はありますか？
(手すりが無く立つことができない。物品がそろっていないなど)
- ・手すりが無いので、普段は独りで対応できる方も、二人で対応することになるため、人も時間もかかる。
- ・居室にポータブルトイレを設置した場合、移動に時間がかかる。
- ・丈夫な手すりが必要。
- ・手すりが無ければ、ベッド柵を使用してみてはどうか？
- ・対策はいくらでもあると思うので、ポータブルトイレを使用することになっても大丈夫。
- ・ポータブルトイレは立つ際に足を引くことが難しいため、立ち上がりが困難になる。
- ・ポータブルトイレでは安定感が無い。
- ・ポータブルトイレを設置する場所がない。場所に困る。
- ・ポータブルトイレで実施可能な方と難しい方がいると思う。

3 移送支援具を「活用しない」「活用する」搬送演習

介護現場では災害時に限らず、様々な移乗を含む移送支援が行われています。緊急時などでは、搬送を行う場面も存在しますので、介護現場において搬送方法を理解しておくこと、移送支援に必要な技術を習得しておくことは必要不可欠です。

搬送法は介護現場に限らず応急救護のひとつとして、様々な場で訓練が行われています。介護現場においては、搬送の対象者が高齢者や障害者であることから、心身の状況に応じた工夫も求められます。この点で、移送支援具を活用した搬送法を習得することも有効です。

本節では、一般的な搬送法として紹介・解説されている文献[1)]を参照し、これらの体験を要配慮者を想定した演習として行う場合に、どのような視点で訓練や確認が必要になるのか、介護技術との関係性も捉えながら解説していきます。なお、介護現場では女性職員が多いことも特徴です。この点から本書においても、女性をモデルに実際に演習訓練として行った内容を紹介していきます。なお、以下、搬送する側を「介助者」、搬送される側を「対象者」として表記します。

1 —— 支援具を使わずに行う徒手搬送

1. 抱き上げて搬送する（介助者1～3人）

対象者：激しい体動がなく、歩行不可能な高齢者、傷病者等の要配慮者

この方法は、介助者が対象者を抱いて運ぶ方法です。一人でもできますが、大変負荷のかかる方法ですので、搬送される対象者が、介助者につかまることが双方の負担軽減や、安全のために必要です。

❶1人法

手順1　介助者の手を対象者の体幹、下肢に回す（利き手を頭側にする）。椅子に座った状態やベッドなど高さのある状態からの方が介助者が立ち上がりやすい。

手順2　なるべく身体を密着させて抱きかかえ、搬送する。

❷２人法

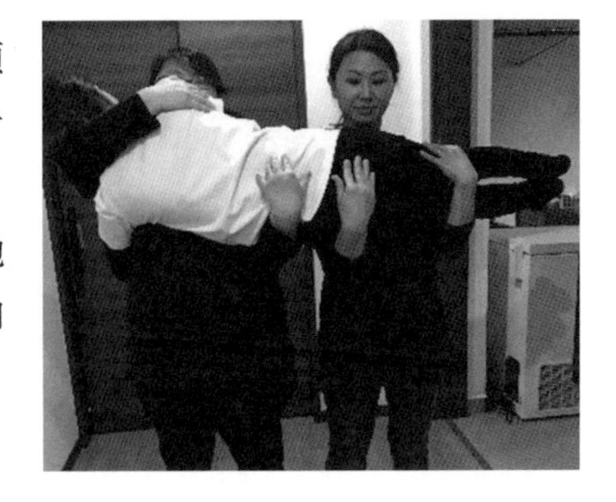

手順１　介助者の一人が対象者の頸部、体幹を手で支え、もう一人が体幹と下肢に手を回す。

手順２　なるべく身体を密着させて抱きかかえ、対象者の頭の方向に向かって搬送する。

❸３人法

手順１　頸部、体幹、下肢を介助者３名で支える。

手順２　特に頸部・体幹の負担が大きいため、対象者と身体を密着させるとともに、隣の介助者との隙間を少なくすることがポイント。進行時は対象者の頭の方向に向かって搬送する。

訓練時にココをチェック！

☑介助者の体格や体力と対象者の体重により人数を調整する
☑基本的に横移動であるため、必要最小限の距離にする（長距離には適さない）
☑対象者の体を平行にするため、介助者同士の身長差を少なくする
☑介助者は前腕ではなく上腕に力を入れる
☑介助者の利き手側に対象者の頭側がくるようにする
☑歩行しながらの移動は振動が大きいため、必要最小限の距離にする
☑対象者に意識があれば介助者の首に腕を回してもらうと安定しやすい

2．両手で搬送する（介助者２人）

対象者：意識があり、歩行不可能な高齢者、傷病者等の要配慮者

手順１ 対象者の膝下部で介助者が互いの手首を把持する。このとき、手首を握り合う、ヒューマンチェーン（写真下）を意識すると介助者同士の手が離れにくい。

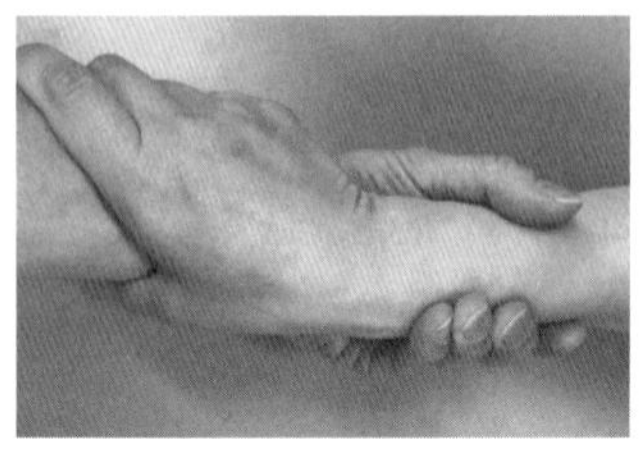

ヒューマンチェーン

手順２ 対象者との意思疎通が可能であり、麻痺等腕に制限がない場合は、対象者の手を介助者の肩に回し、対象者背部で介助者が互いに手を組みゆっくりと立ち上がる（椅子などを利用し、座位の状態から行うと、介助者が立ち上がりやすい）。進行時は対象者の足側に向かって搬送する。

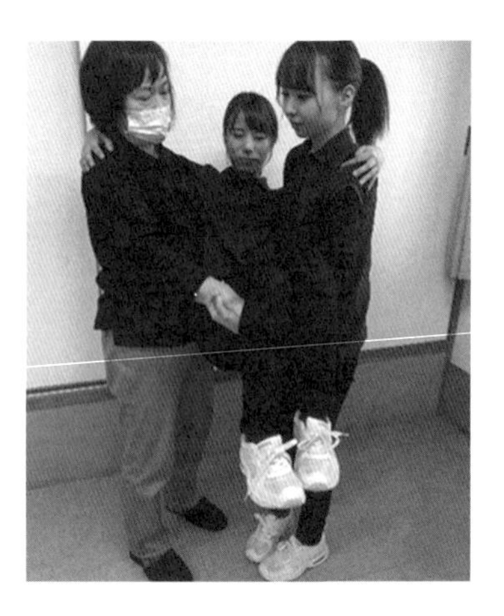

訓練時にココをチェック！

☑安定感を保つために介助者同士の身長差に配慮する

☑左右、前後方に移動しやすい方法であるため、様々な方向転換を試みながら、安定感を確認する

☑対象者を降ろす際は、床やベッドだけでなく、椅子でも可能

３．前腕を保持して搬送する（介助者２人）

対象者：意識障害の有無に関係なく歩行不可能な高齢者、傷病者等の要配慮者

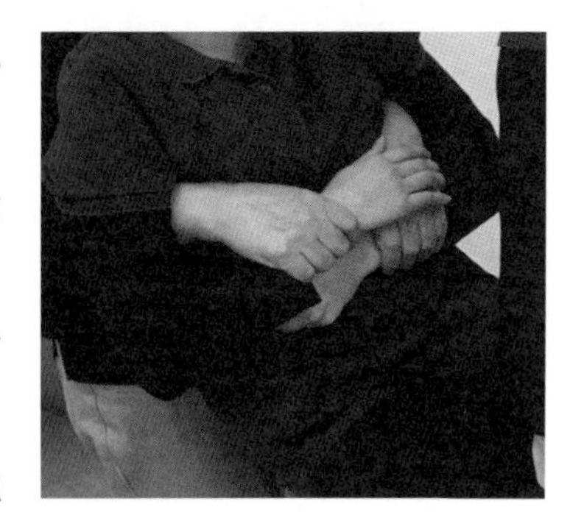

手順１ 対象者の頭側に立ち、両脇の間から手を入れる。

手順２ 上体を起こした状態で対象者の前腕または手首を持つ。このとき、対象者に麻痺や拘縮がある場合は、腱側の腕を持つ。

手順３ 足側の介助者は、対象者の足を抱える。対象者の両足を重ねて抱えると安定しやすい。

手順４ 対象者の足側に向かって搬送する。

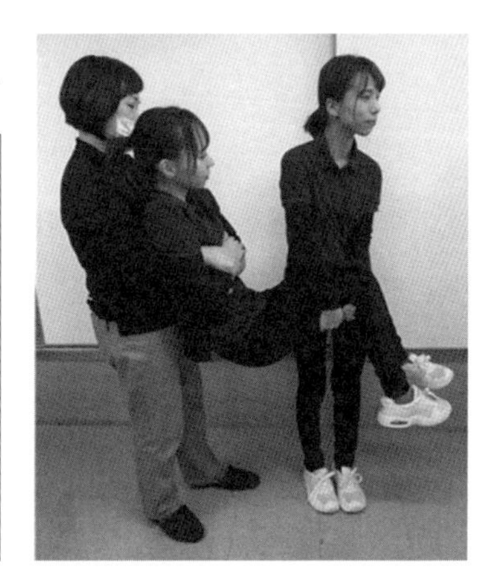

訓練時にココをチェック！
- ☑対象者が痩せていたり、麻痺等がある場合、把持することで、骨折の恐れがあることに注意する
- ☑足側の介助者のスピードが速くなりやすいため、介助者同士で速度を確認しながら行う

４．前腕を保持して搬送する（介助者１人）

対象者：意識障害の有無に関係なく歩行不可能な高齢者、傷病者等の要配慮者

手順１ 対象者の頭側に立ち、両脇の間から手を入れ、対象者の前腕と手首を持つ。

手順２ 対象者の臀部を浮かせ上体を起こす。

手順３ 後ろの安全を確認し、中腰で介助者の後方に向かって搬送する。

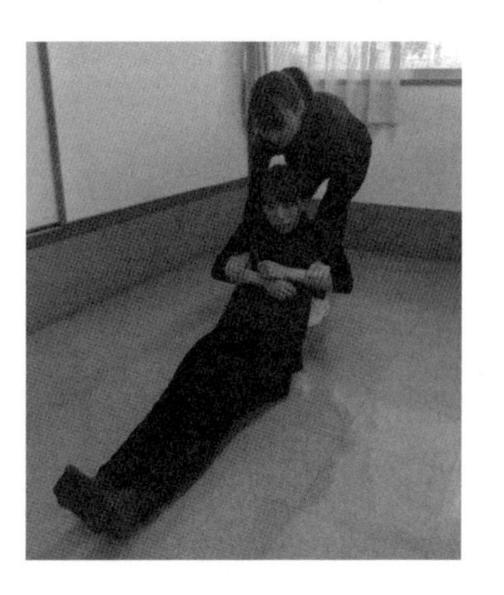

5．毛布を使って搬送する

対象者：意識障害の有無に関係なく歩行不可能な高齢者、傷病者等の要配慮者

手順1 対象者を毛布やシーツの上に仰臥位にする。

手順2 対象者を毛布で包み頭部部分を丸め、把持する。

手順3 後方の安全を確認しながら両肩を浮かせ気味にして毛布ごと引っ張り、介助者の後方に向かって搬送する。

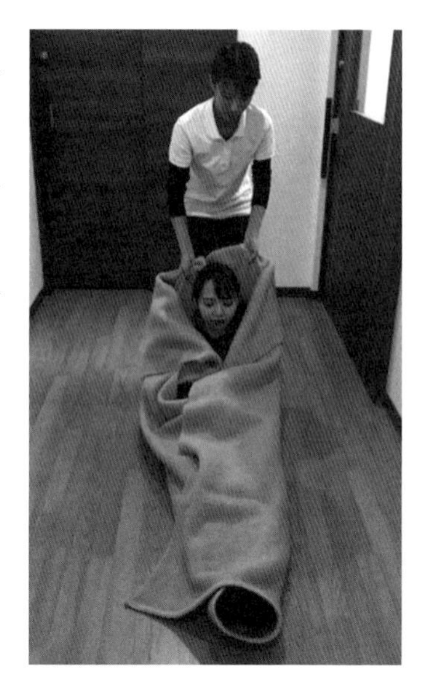

訓練時にココをチェック！

☑床に引きずって搬送するため、床材などの路面状況を確認しておく

☑毛布を掴む際、対象者の髪を巻き込まないように注意する

搬送法に必要な介護技術の基本

高齢者や障害者等の要配慮者に対する搬送法は、支援具使用の有無にかかわらず、基本的な介護技術を習得できていることが必要です。また、要配慮者の心身の状況に応じて行ううえでは、決まったひとつのやり方ではなく、麻痺などの障害や、搬送場所の環境などにも考慮できることが求められます。搬送法訓練の際には、以下に示した介護の基本技術が備わっているか、留意点を理解できているかもチェックしましょう。

① 体位変換技術（仰臥位、側臥位、端座位など）

② 座位・立位・歩行支援技術

③ 移乗技術（椅子から車いす、移送用具から車など）

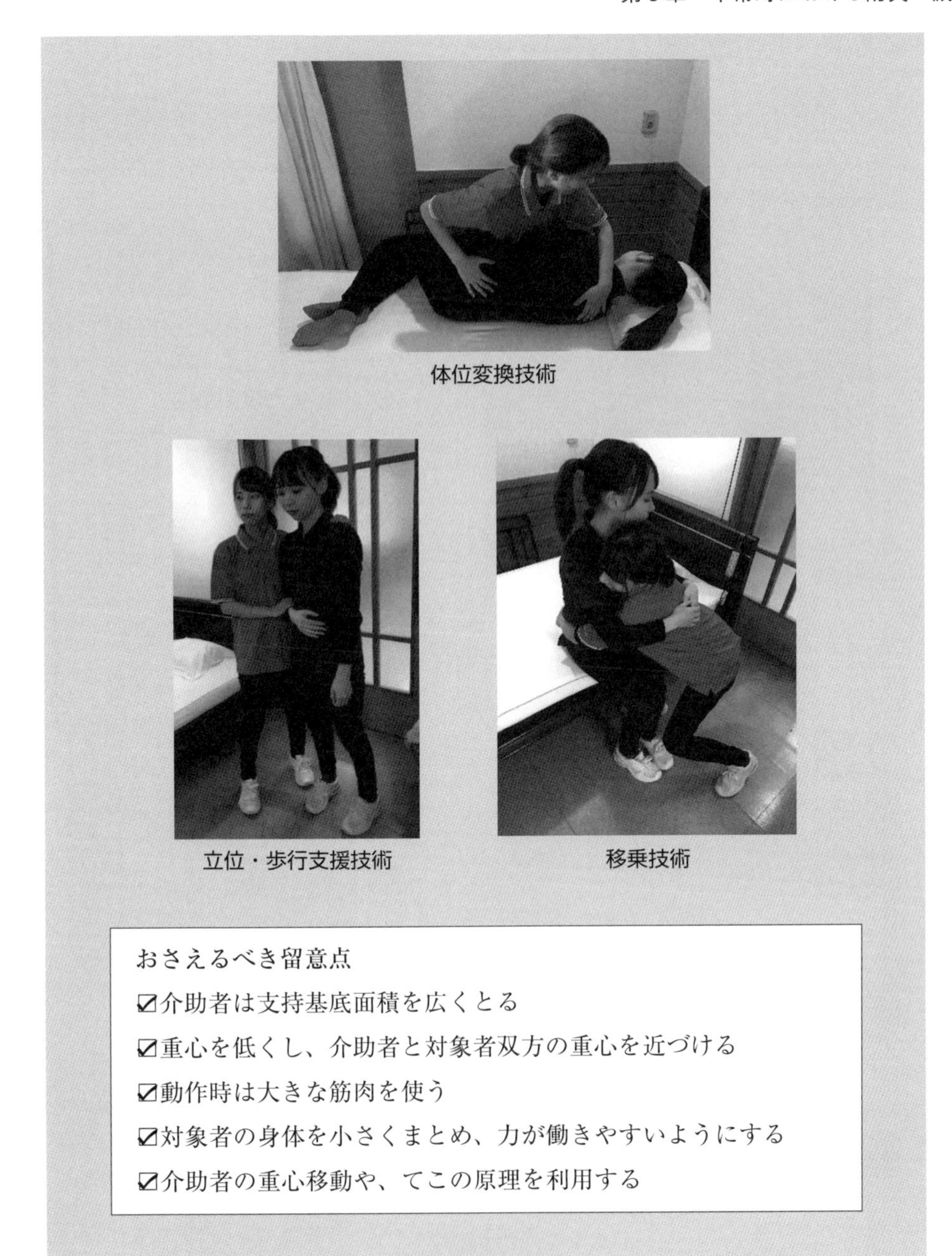

体位変換技術

立位・歩行支援技術

移乗技術

おさえるべき留意点

☑介助者は支持基底面積を広くとる

☑重心を低くし、介助者と対象者双方の重心を近づける

☑動作時は大きな筋肉を使う

☑対象者の身体を小さくまとめ、力が働きやすいようにする

☑介助者の重心移動や、てこの原理を利用する

2 ── 支援具を活用した搬送

前項で紹介した方法は、人の力を利用することを前提に、安全な場所への移動等極めて短距離を移動する場面に限った搬送法といえます。

災害時の搬送には、避難所から車までの移動や、時には階段の昇降が必要な場面もあります。こうしたある程度の距離や障害に対応できる搬送法が、移送支援具を使用した方法です。

1．布製ベルト型担架（介助者１～５人）

対象者：自立歩行が不安定な高齢者、傷病者等の要配慮者。寝たきりの方も可能。

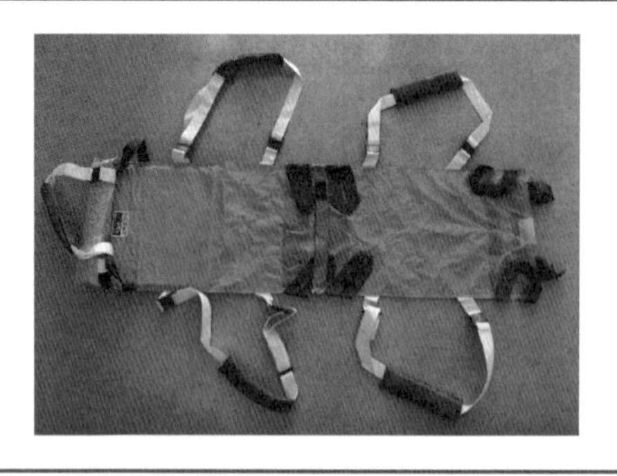

布製ベルト型担架の特徴

・軽量コンパクトに収納可能
・防水、難燃素材を使用
・２人用と４人用がある

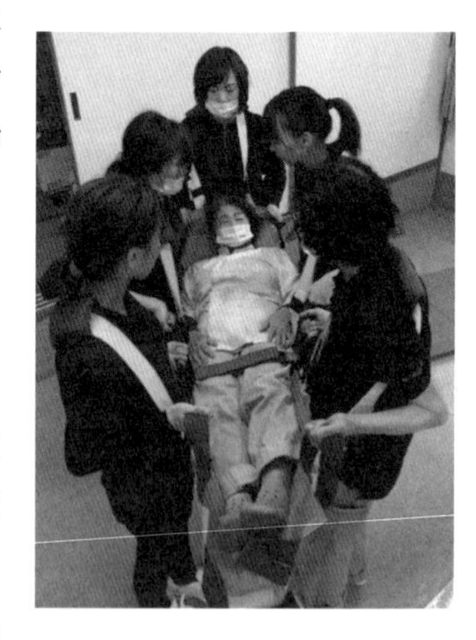

手順１ 平坦な場所で進行方向に合わせて本体を広げる。このとき、ベッドなど高さのあるところであれば介助者が立ちやすい。

手順２ その上に対象者を仰臥位にする。

手順３ 対象者の腹部にベルトを巻く。

手順４ 対象者の頭部に力のある介助者が立ち、その他の介助者は両サイドに立つ。

手順５ 介助者は両サイドのベルトを肩にかけ、持ち手をしっかり握り、全員で同時にゆっくり立ち上がる。

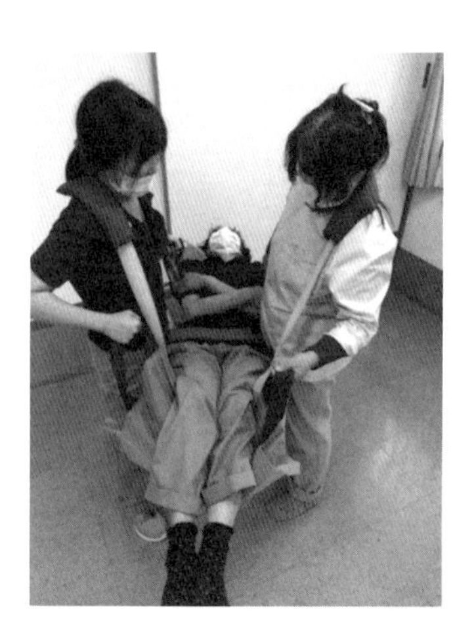

手順６ 対象者の足側に向かって搬送する。なお、１人法も可能だが軽い対象者に限る。

※介助者は肩への負担が大きいので、上腕の力を活用することを意識する。

2．布製ベルト型担架（介助者１～３人）

対象者：自立歩行が不安定な高齢者、傷病者等の要配慮者。寝たきりの方も可能。

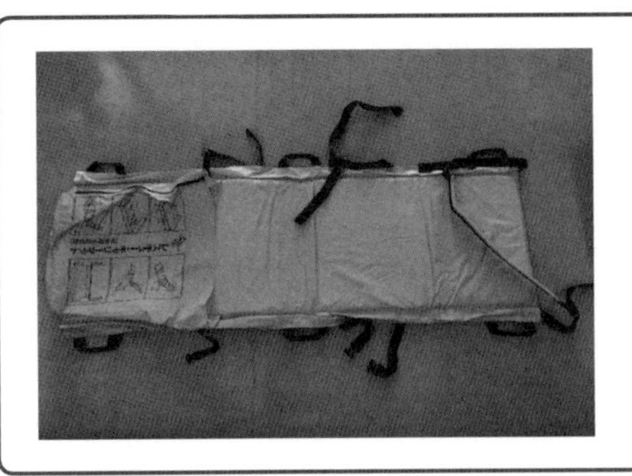

布製ベルト型担架の特徴

・軽量コンパクトに収納可能
・防水、難燃素材を使用
・クッション性があり衝撃に強い

手順１　平坦な場所で進行方向に合わせて本体を広げる。

手順２　その上に対象者を仰臥位にする。

手順３　対象者の足を下部の袋の中に入れる。

手順４　対象者の腹部にマジックベルトを巻く。

手順５　対象者の頭部に力のある介助者が立ち、その他の介助者は両サイドに立つ。

手順６　頭部の介助者はベルトを肩にかけ、その他の介助者はベルトを握る。

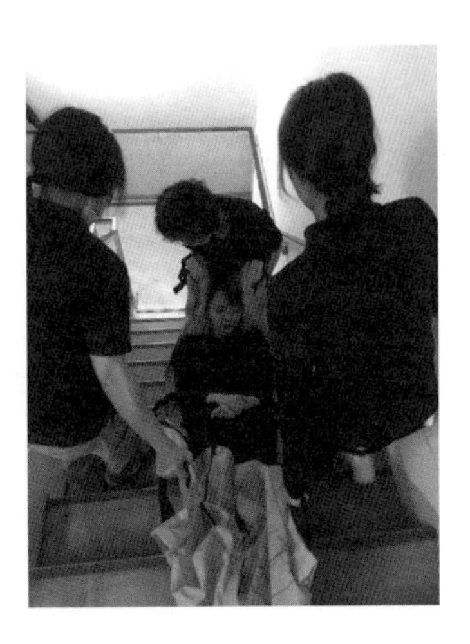

手順７　対象者の頭側に向かって引きずりながら搬送する。

手順８　階段を下る際、頭部の介助者は対象者の上半身を階段から浮かせるように注意する。

手順９　両サイドの介助者は、一方の手で手すりを支えながら降りると腰への負担が軽減される。

3．紙製簡易型担架（介助者４人）

対象者：自立歩行が不安定な高齢者、傷病者等の要配慮者。寝たきりの方も可能。

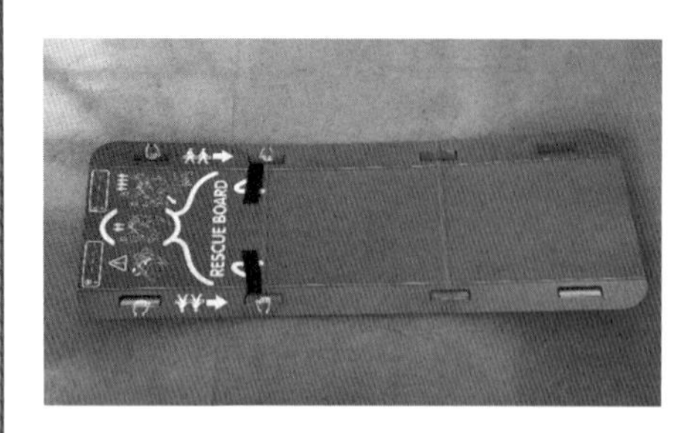

紙製簡易型担架の特徴
- 軽量コンパクトに収納可能
- 両面撥水処理済み
- 段ボールを折り込むことで添え木としても使用可能
- 表面が平滑なためすべりやすい
- 手が小さい介助者は持ちづらい（軍手があるとなおよい）

手順１ 平坦な場所で進行方向に合わせて本体を広げる。ベッドなど高さがあるところを利用すると介助者が立ち上がりやすい。

手順２ その上に対象者を仰臥位にする。

手順３ 対象者の腹部にマジックベルトを巻く。

手順４ 介助者は両サイドに立ち、持ち手を把持し、立ち上がる。対象者の足側に向かって搬送する。

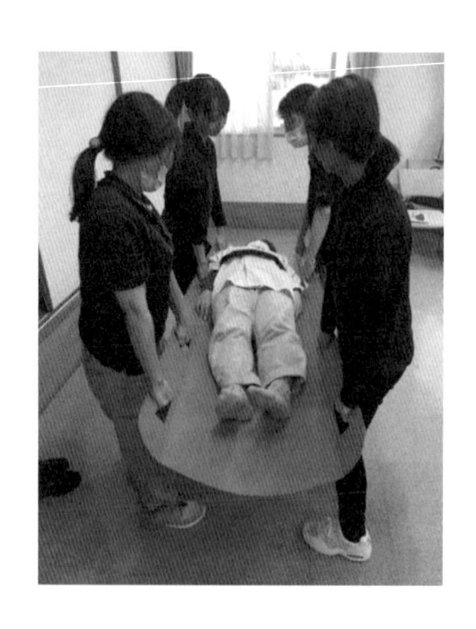

４．簡易着脱型けん引式車いす補助装置（介助者１人）

対象者：自立歩行は不安定だが座位が保てる高齢者、傷病者等の要配慮者

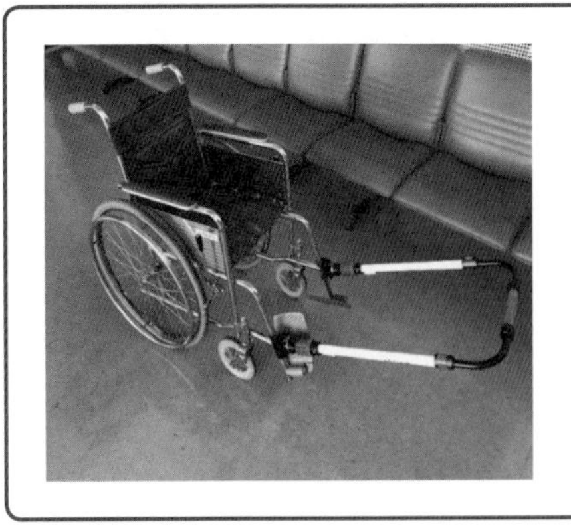

簡易着脱型けん引式車いす補助装置の特徴

・フットレスト部分の形状や素材によっては取り付け不可能なものもある

・前輪を浮かせて走行するため、車椅子に乗ったまま、坂道、段差、雪道など移動が困難な悪路でもスムーズに移動可能

手順１　車椅子が安全に停車できる場所に停車する。

手順２　フットレストに補助装置を取り付ける。

手順３　安全に装着していることを確認し、人力車のように両手でしっかりと持ち上げる。

手順４　対象者の手や足の巻き込みに注意しながら前輪を浮かせて搬送する。

※シャフトが長いため、右左折時には大きく旋回する（自動車の内輪差に注意するイメージ）

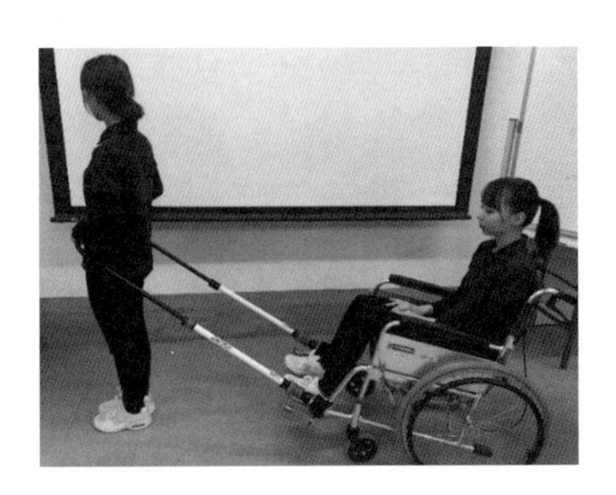

【移送支援具をもっと知るための情報】

●松岡株式會社　http://matsuoka-beruka.com/
本書（p.122）ではワンタッチ式ベルト担架ベルカを使用。

●社会福祉法人東京コロニー東京都葛飾福祉工場　https://www.fireman21.net/
本書（p.123）ではワンタッチ式ベルト担架レスキューキャリーマットを使用。

●安達紙器工業株式会社　http://www.adachishiki.co.jp/
本書（p.124）では緊急用簡易型担架レスキューボードを使用。

●株式会社JINRIKI　http://www.jinriki.asia/
本書（p.125）では簡易着脱型けん引式車いす補助装置JinrikiQuickを使用。

【註】

1）安田康晴『傷病者の搬送と移乗』へるす出版　2014年

事例から考える！
介護施設の災害対応と派遣支援活動

2019年6月25日　初版第1刷発行
2022年9月20日　初版第2刷発行

編　　集　　鈴木　俊文
発 行 者　　竹鼻　均之
発 行 所　　株式会社 みらい
〒500-8137　岐阜市東興町40　第5澤田ビル
TEL　058-247-1227
FAX　058-247-1218
http://www.mirai-inc.jp/

印刷・製本　　西濃印刷株式会社

ISBN978-4-86015-487-5　C3036
Printed in Japan